In der Bundesrepublik werden jedes Jahr zwischen 80 000 und 100 000 Kinder mit Mängeln und Behinderungen geboren, jedes 10. Kind. Insgesamt wird die Zahl der behinderten Kinder auf eine Million geschätzt. Nur 250 000 bis 280 000 von ihnen besuchen jedoch eine Sonderschule. Ungefähr doppelt so viel Sonderschulplätze und bisher nicht eingerichtete Vorschulkindergärten müßten aber zur Verfügung stehen, um jedes dieser Kinder angemessen fördern zu können.
Der Bericht von Michel Anders zeigt, daß innerhalb der gesamten Bildungsmisere die Sonderschulmisere am größten ist. Es fehlt an Schulen und Lehrern, einer besonderen Sonderschuldidaktik und -therapie, vor allem aber an dem finanziellen Einsatz und dem informierten Engagement der zuständigen Behörden. Der Sonderschüler hat keine Lobby, seine Eltern erben oft die soziale Behinderung als geistige Behinderung auf ihn fort. Beispiele in anderen Ländern, Holland, Dänemark, Schweden, DDR, beweisen aber, daß eine wirksame Rehabilitation Behinderter möglich ist. Anders setzt dem negativen Befund an bundesdeutschen Sonderschulen diese positiven Modelle gegenüber. Sein Vergleich fordert heraus, die Probleme der geistig, körperlich und sozial Behinderten in unserer Gesellschaft grundsätzlich neu zu überdenken und ihnen mit mehr Einsicht und angemesseneren Mitteln zu begegnen.

Michel Anders, Journalist, veröffentlichte in der Pocket-Reihe den Titel *Verurteilt. Strafvollzug in der Bundesrepublik*, 1972.

Michel Anders

Problem Sonderschule

Kiepenheuer & Witsch

pocket 48

Gesamtherstellung Butzon & Bercker Kevelaer
Umschlag Hannes Jähn Köln
Printed in Germany 1974
ISBN 3 462 00980 x

Inhalt

Meiner Frau Edith gewidmet

Eine Gesellschaft, die alte Menschen, kranke Menschen, behinderte Menschen aller Art nicht als natürlichen Teil ihrer selbst zu achten und zu behandeln weiß, spricht sich selbst das Urteil . . .
Unsere grundsätzlich auf Leistung und Wettbewerb ausgerichtete Gesellschaft ist nur dann in Ordnung, wenn sie behinderten Minderheiten volle Achtung, volle Gemeinschaft und ein Höchstmaß an Eingliederung gewährt.

Bundespräsident Heinemann
am 12. Oktober 1970
auf dem Behinderten-Kongreß des VdK

Vorwort

Alarmierend für alle Eltern ist die Tatsache, daß fast jedes zweite Kind ein Problem-Kind ist, wie das Tübinger Institut für Erziehungswissenschaft 1972 festgestellt hat. Nahezu jedes fünfte Kind, so das Institut, müßte sofort in psychotherapeutische Behandlung. Während in den USA, in England und Schweden bereits in größerem Umfang Untersuchungen zur Erforschung der Häufigkeit des Auftretens von Störungen und Fehlentwicklungen bei Kindern durchgeführt worden sind, fehlen derartige Unterlagen in der Bundesrepublik noch fast völlig. Die Tübinger Arbeit bringt als Leitstudie die ersten Ergebnisse. Anhand einer Liste von 32 Symptomen wurden die Eltern und Lehrer von 150 zufällig ausgewählten sieben- bis zehnjährigen Jungen nach Auffälligkeiten befragt.

Dabei waren nur 22 Prozent der Jungen völlig symptomfrei. Bei 28,7 Prozent zeigten sich leichte Symptome, die die Kinder unschwer ohne fremde Hilfe bewältigen konnten. Dagegen nahmen 29,3 Prozent der Untersuchten aufgrund ihrer Belastung bereits eine Sonderstellung in der Familie, unter ihren Kameraden oder in der Klasse ein. Sie konnten ihre Probleme mit Mühe gerade noch selbst bewältigen, es wurden jedoch psychohygienische Vorsorgemaßnahmen für notwendig erachtet. Als deutliche Problemkinder, die einer psychotherapeutischen Behandlung bedurften, erwiesen sich 18,9 Prozent der Jungen, während 1,3 Prozent bereits Anstaltsfälle waren.

In jeder Gesellschaft lebt eine größere Zahl von Menschen, die ohne eigenes Verschulden in ihrem Leistungsvermögen und in ihrer Konkurrenzfähigkeit im beruflichen oder sozialen Bereich im Nachteil sind. Soziologisch gesehen handelt es sich bei diesen Menschen um eine Minderheit, die wir als Behinderte bezeichnen, die »durch er-

erbte, angeborene oder erworbene Mängel körperlicher, seelischer oder geistiger Art daran gehindert werden, sich auf normalem Wege eine Stellung in der Gesellschaft zu erwerben und sich darin zu behaupten«.

Die Zahl der Behinderten in der Bundesrepublik wurde zuletzt 1966 vom Statistischen Bundesamt anläßlich einer Zusatzerhebung ermittelt und wird mit insgesamt etwas mehr als 4 Millionen angegeben, und zwar 2,8 Millionen Männer und 1,26 Millionen Frauen, die an einer körperlichen oder geistigen Behinderung leiden. Die Zahl der behinderten Kinder wird auf eine Million geschätzt; genaue Zahlen liegen hierüber nicht vor.

In der Bundesrepublik allein werden in jedem Jahr zwischen 80 000 und 100 000 Kinder mit Mängeln oder Behinderungen geboren, jedes 10. Kind. Die Zahl der Sonderschüler aber hat sich in der Zeit von 1960 bis 1970 mehr als verdoppelt. Während die vom Sekretariat der Kultusministerkonferenz im Jahre 1971 herausgegebene Schrift »Die Sonderschulen in der bundeseinheitlichen Schulstatistik 1960 bis 1969« die Zahl der Sonderschulen im gesamten Bundesgebiet für das Schuljahr 1969/70 mit 2192 Schulen mit 16 842 Klassen angibt, kommen andere Statistiken zu weit weniger günstigen Zahlen. Nach der Kultusministerkonferenz unterrichten 16 764 Lehrer 291 000 Sonderschüler in Sonderschulen für Schwerhörige, Sehbehinderte, Verhaltensgestörte, Körperbehinderte, Sprachbehinderte, geistig Behinderte und Lernbehinderte.

Von der Kultusministerkonferenz werden folgende Schülerzahlen angegeben:

Lernbehinderte 211 890
geistig Behinderte 12 560
Bildungsgefährdete und Schwererziehbare 10 421
Gehörlose und Schwerhörige 6 490
Sprachgestörte 4 754
Körperbehinderte 4 078

Insgesamt ergibt das eine Zahl von Sonderschülern von rund 250 000. Demgegenüber kommt die Deutsche Vereinigung für die Rehabilitation Behinderter e. V. auf 480 000 Kinder, die in einer Sonderschule gefördert werden müßten, und 280 000, die eine Sonderschule tatsächlich besuchen. Während also hier eine Differenz von 30 000 Schülern klafft, wird von der Kultusministerkonferenz die immense Zahl der auf Wartelisten Stehenden überhaupt nicht erwähnt.
Die Zahlen der Vereinigung sehen wie folgt aus:

Lernbehinderte 250 000 (216 000 besuchen eine Schule)
geistig Behinderte 31 200 (10 000 in Schulen)
Gehörlose und Schwerhörige 14 350 (in Schulen 5000)
Sprachgestörte 94 000 (in Schulen 4500)

Die Gruppen der Bildungsgefährdeten und Schwererziehbaren werden hier nicht erfaßt, ebensowenig die der Körperbehinderten. Statt dessen wird angeführt, daß von den
1205 Blinden und
60 Taubblinden
fast alle Aufnahme in einer Schule gefunden haben. Die Zahlen aber scheinen beide falsch, sowohl die der Kultusministerkonferenz wie die der Vereinigung für Rehabilitation. Anzunehmen ist, wie gesagt, eine Zahl von einer Million behinderter Kinder.
Die Ursachen dieser Behinderung aber können verschiedenster Art sein, und sie lassen sich zusammenfassen in

1. chromosomal bedingte Behinderung, also eine Normabweichung der Chromosomenstruktur von normalerweise 46 Chromosomen, – Mongolismus
2. metabolisch-genetisch bedingte Behinderungen,
3. Behinderungen durch Infektionen in der Schwangerschaft und
4. durch den Geburtsablauf bedingte Behinderungen.

Es handelt sich in keinem dieser Fälle um Erbfaktoren, wie häufig

angenommen wird, und deren angenommene Ursachen dann auch häufig bei den Eltern dieser Kinder Schuldkomplexe hervorrufen.
Allen behinderten Kindern in der Bundesrepublik aber steht ein schwerer Weg bevor, denn die heutige Gesellschaft ist in ihrer Ich-Bezogenheit und Leistungsbezogenheit kaum bereit, dieser Gruppe von Menschen den ihnen zustehenden Platz einzuräumen. Für viele behinderte Kinder ist es ein vorprogrammierter Weg, der mit Voreingenommenheit und Uneinsichtigkeit der Gesellschaft beginnt. Das Fehlen von Spielzeug für behinderte Kinder, das Fehlen von Abenteuer-Spielplätzen auch für behinderte Kinder ist der erste Schritt in die häufige Isolation. Der erste Abenteuer-Spielplatz der Welt wurde 1972 im Londoner Stadtteil Chelsea eingerichtet. Bis auch in der Bundesrepublik solche Spielplätze entstehen werden und damit diesen Kindern größere Chancen für einen Start in die Welt der Nichtbehinderten eingeräumt werden, wird noch eine geraume Weile vergehen.
Ähnlich verhält es sich mit Spielzeug für Behinderte. Behinderte Kinder – obwohl ihre Zahl nicht gering ist – sind im Spielwarenhandel nach wie vor Stiefkinder und werden gegenüber ihren gesunden Spielgefährten erheblich benachteiligt. Und das, obwohl gerade für diese Kinder entsprechendes Spielzeug doppelt wichtig wäre. Um so dankbarer muß eine Initiative der Verbraucherzentrale Baden-Württemberg (Abteilung Informationsdienst, 7000 Stuttgart, Olgastraße 32) begrüßt werden, die eine Aufstellung des Kinderspielzeugs für behinderte Kinder angefertigt hat, und zwar nach den Gruppen für körperbehinderte, hör- und sehbehinderte und für geistig behinderte Kinder.
Der Weg der Behinderten in unserer Gesellschaft aber geht weiter über eine häufig unvollkommene Schulausbildung – wobei das Fehlen von Vorschulkindergärten sich besonders negativ auswirkt – in oft unzureichenden Gebäuden mit unzureichendem Lehrpersonal, bzw. fehlendem medizinisch-psychologischen Personal. Daß auch im

übrigen auf Behinderte keine Rücksicht genommen wird, versteht sich von selbst. Unsere Welt wird für Gesunde gebaut. Wo würde daran gedacht, daß Körperbehinderte im Rollstuhl Bordsteine nur unter größten Schwierigkeiten überwinden, daß Treppen oder zu schmale Türen ihnen ein Halt setzen. Zwar wurden an manchen Unterführungen in letzter Zeit Gleitwege gebaut, gedacht und geplant aber für die Mütter mit Kinderwagen, nicht für Behinderte.

Die Gesellschaft ist auch kaum bereit, die Behinderten in ihrem späteren Leben in entsprechenden Wohnheimen leben zu lassen, unter sich, unter der Betreuung von gesunden Menschen, die ihnen die notwendigen Arbeiten abnehmen. Sie bleiben zu Hause, bis sie sterben. Ihr Weg ist vorgezeichnet, hoffnungs- und fast aussichtslos durch fehlende Wohnungen, Ausbildungsplätze, Arbeitsplätze und Beschützende Werkstätten: Vorprogrammiert für ein Leben in ständiger Unterdrückung inmitten einer Wohlstandsgesellschaft, die es sich erlauben kann, mittlerweile 159 Starfighter sinnlos angeschafft zu haben, für die Vernichtung, die aber kein Geld für eine millionengroße Gruppe von Menschen in ihrer Mitte hat.

1. Entwicklung des Sonderschulwesens

Körperliche und geistige Behinderungen hat es zweifellos zu allen Zeiten und in allen Schichten der Bevölkerung gegeben, wenn auch in unserer Zeit sich ein starkes Ansteigen der Zahl von Behinderten bemerkbar zu machen scheint. Geändert hat sich allerdings die Einstellung der Menschen zu behinderten Kindern und Erwachsenen.

R. Kretschmer und J. Koty berichten über die Behandlung Blinder im Altertum oder bei Naturvölkern von heute kaum verständlicher Härte: In Australien wurden blinde Mitglieder primitiver Stämme von ihren Genossen verlassen. Die Buschmänner in Afrika pflegten Gebrechliche und Hilflose auszustoßen, wenn Not drohte. Von den Pruzzen heißt es: Alte und schwache Eltern wurden von dem Sohn erschlagen, blinde oder verwachsene Kinder wurden von dem Vater getötet, lahme und blinde Knechte wurden vom Hausherrn aufgehängt.

Auch in den Hochkulturen des Altertums hielt man an den überkommenen Sitten fest, gebrechlich geborene Kinder auszusetzen. Ebenso wurden unerwünschte Kinder ausgesetzt. Die Kindstötung war zeitweise sogar vom Staat geboten. Andererseits wurden in der Antike verkrüppelte Kinder am Leben erhalten, jedoch noch mehr verkrüppelt und verunstaltet, um als Bettler durch Erweckung von Mitleid ihren Herren entsprechende Einnahmen zu verschaffen. Ausgesetzte und gerettete Mädchen wurden häufig zur Unzucht gezwungen. Die Gesetze des Lykurg um 900 v. Chr. und des Solon um 640 v. Chr. bezeugen diese Tatsachen. In Rom arbeiteten blinde Sklaven als Ruderknechte, drehten Handmühlen oder zerkleinerten das Erz in den Bergwerken. Blinde oder auch absichtlich geblendete Kinder wurden ebenfalls zum Betteln abgerichtet und erzogen, blinde Mädchen zur Prostitution gezwungen.

Es wird von anderen Naturvölkern berichtet, daß sie Blinde und Gebrechliche fürsorglich und gütig versorgt haben. Im alten Ägypten und in China, heißt es, seien Blinde mit geeigneten Handarbeiten beschäftigt worden und hätten als Lehrer, Dichter oder Sänger die Überlieferungen gedächtnismäßig eingeprägter heiliger Texte besorgt.

Im Altertum und auch im Mittelalter hielt man speziell Blinde für bildungsunfähig, ergo auch erwerbsunfähig. Das in Anfängen sich entwickelnde soziale Bewußtsein (in den christlichen, islamischen und buddhistischen Kulturen) erleichterte ein wenig die Situation der Hilfsbedürftigen. In dieser Zeit wurden hauptsächlich den Blinden Bettelprivilegien gewährt, entwickelten sich Bettelorden, die es zu gewissem Wohlstand brachten, wurde in Palermo 1761 eine Musikschule für Blinde betrieben, nahm aber andererseits durch die Verbreitung von Blattern, Syphilis und Trachom und die Blendung von Kriegsgefangenen die Zahl Behinderter derart zu, daß sie zu einer Landplage wurden und manche Städte abwehrende Bettelordnungen erließen.

Wenn auch einige, meist wohlhabende Behinderte (überwiegend Blinde) es zu ausgesprochenen Hochleistungen brachten (Homer und Tiresias als Dichter und Seher des Altertums, um 1200 der Kirchenrechtler Prospero Fagnani, der Hussitenführer Johann Ziska als Heerführer im 15. Jahrhundert, John Milton im 17. Jahrhundert, Nicolas Saunderson im 18. Jahrhundert, der bei Newton Mathematik und Physik studierte und Professor für diese Fächer wurde, ebenfalls im 18. Jahrhundert John Metcall als Straßen- und Brückenbauer und der Württemberger Johann Käferle als Instrumentenbauer und Erfinder u. a.), wurde doch die Notwendigkeit einer Erziehung von geschädigten Kindern keineswegs deutlich. Man hielt behinderte und geisteskranke Kinder für vom Teufel besessen, gegen deren Krankheit höchstens Beschwörungen, Exorzismus oder vielleicht noch Wallfahrten nützlich waren.

Die ersten Bildungsversuche mit Taubstummen, auch hier ausschließlich Angehörigen des Hochadels, sind im 16. und 17. Jahrhundert aus Spanien bekannt. Der Benediktinerpater Pedro de Ponce unterrichtete seine Schüler im 16. Jahrhundert in einer Lautsprache, und Juan Pablo Bonet (1579–1633) schrieb die erste Arbeit über den Taubstummenunterricht. Die erste Taubstummenschule wurde im Jahre 1770 von Abbé de l'Epée in Paris begründet. 1788 entstand die erste deutsche Taubstummenanstalt unter Leitung von Samuel Heinicke in Leipzig, weitere 1788 in Berlin und 1799 in Schleswig folgten.

Schulen für Körperbehinderte entstanden wesentlich später. Das Gründungsjahr der Bildungsstätten für körperbehinderte Kinder wird mit 1823 angegeben, als der Arzt J. G. Blömer eine »Heilanstalt für arme verwachsene Kinder« errichtete. In einem Bericht für das Jahr 1827 schreibt er: »Die Erziehung ist einem Lehrer anvertraut, der über die Sittlichkeit väterlich wacht und die Kinder in verschiedenen Schulwissenschaften unterrichtet.« Die erste eigentliche Körperbehindertenschule gründete Nepomuk Edler von Kurz in München. Über den Zweck der Privatanstalt schreibt er: »Die am 9. Januar 1833 gegründete technische Industrieanstalt will werktags schulfreie 13–14jährige verkrüppelte Kinder, welche wegen ihrer körperlichen Mängel zu künftigen Gewerben und anderen Betrieben nicht wohl taugen, durch mechanische Übungen in verschiedenen denselben angemessenen Beschäftigungen zu Fabrikarbeitern bilden oder denselben auch in der Anstalt selbst andauernden Verdienst schaffen, um sie vor dem Müßiggang und den daraus hervorgehenden Lastern zu bewahren.« Zehn Jahre später wurde die Anstalt »auf allerhöchste königliche Entschließung auf Staatskosten übernommen.«

Die Erkenntnis von der Notwendigkeit besonderer Schulen für Schwerhörige und Taube entwickelte sich um die Wende des 18. zum 19. Jahrhundert, doch dauerte es noch fast einhundert Jahre, bis die erste Schule entstand. Die Schwerhörigenschule als eigene Schulform ist, wie auch die Sonderschuleinrichtung für gemeinschaftsschwierige Kinder, eine junge Erscheinung auf dem pädagogischen Sektor. Verhaltensstörungen fielen im vorigen Jahrhundert erstmals in Waisen- und Armenhäusern auf. Die Gesellschaft hätte sich vermutlich um diese Gruppe junger Menschen nicht bemüht, wäre sie nicht durch deren Straffälligkeit und Kriminalität mit ihr konfrontiert worden. So wurden zunächst Rechtslehre und Rechtspflege zuständig für diese Behinderten.

Die Sonderschule für Sehbehinderte ist eine der jüngsten Einrichtungen auf dem Sektor des Sonderschulwesens, sie entstand erst in unserem Jahrhundert. Die ersten Anregungen gingen 1907 von Schulrat König in Mühlhausen im Elsaß, dem Augenarzt Dr. Weinberger, und 1910 von Dr. Redslob in Straßburg, aus, die die ersten Sonderschulklassen für Sehbehinderte anregten. 1919 wurde von Prof. Dr. Levinsohn in Berlin die erste Schule für Sehschwache eingerichtet, 1922 eine zweite und 1928 die dritte. Die ersten Sprachheilkurse für Sprachbehinderte in Preußen wurden 1880 durchgeführt. Die stotternden und sprachbehinderten Kinder blieben allerdings in allgemeinbildenden Schulen und wurden außerhalb der Schulzeit in Gruppen zu 12 Kindern betreut. In den Jahren vor dem ersten Weltkrieg wurden dann Sprachheilklassen und -schulen in Hamburg, Halle, Königsberg, Mannheim, Stuttgart, Dortmund, Barmen und Wien gegründet.

Die Vorläufer der Sonderschulen für Lernbehinderte und für »Praktisch Bildbare« (geistig Behinderte) waren die Hilfsschulen, die den Schwachsinnigenanstalten und den Vorbildern einiger fortschrittlicher Pädagogen, Geistlichen, Mediziner und Volksschullehrer folgten. Als erster betreute Peter Jordan in Mainz 1533 schwachbegabte Kinder. Die systematische Erforschung des »Kretinismus« begann jedoch erst in der Schweiz und fast gleichzeitig auch in Württemberg in der ersten Hälfte des vergangenen Jahrhunderts. 1841 begründete Johann Jakob Guggenbühl nach umfangreichen Untersuchungen des Kretinismus (der zur damaligen Zeit dem Schwachsinn gleichgestellt wurde; die verschiedenen Erscheinungsformen des Schwachsinns waren noch unbekannt) in dem schweizerischen Dorf Matt auf dem Abendberg bei Interlaken die erste Anstalt. 1838 hatte Pfarrer Haldenwang (1803–1862) in Wildberg einen ersten deutschen Versuch mit der »Rettungsanstalt« für schwachsinnige Kinder unternommen. Elf Jahre später, 1849, gründete sein Vetter Georg Friedrich Müller in Rieth bei Vaihingen an der Enz eine weitere Anstalt, die der von Karl Heinrich Rösch 1847 nach ebenfalls umfangreichen Untersuchungen (4967 Kretinen bei einer Bevölkerung von 1,5 Millionen) in Mariaberg bei Trochtelfingen im Kreis Reutlingen gegründeten folgte. Die Anstalt in Wildberg wurde 1847 wegen Krankheit des Gründers aufgelöst, und die Kinder wurden nach Mariaberg gebracht.

Über »Schulen für schwachbefähigte Kinder« schrieb Heinrich Ernst Stötzner 1864: »Bei Wohlhabenderen läßt sich noch etwas auf dem Wege des Privatunterrichts erreichen. Was aber wird mit den Ärmeren? Gerade in den unteren Volksschichten, wo es oft an zweckmäßiger Ernährung, gesunder Wohnung, sorgfältiger Erziehung der Kinder fehlt, stellt sich die Zahl der Schwachsinnigen als eine wahrhaft schreckenerregende heraus.

Nun, man suche diese Kinder in Anstalten für Blödsinnige unterzubringen. Das ist aber in den meisten Fällen erst recht kostspielig, und dann steht dem ein großes Bedenken entgegen. Das schwachsinnige Kind ist eben noch nicht blödsinnig. Es steht geistig auf einer höheren Stufe. Wohl ist sein Auffassungsvermögen gering, seine Sprache schwerfällig, sein Wollen und Empfinden schwach; aber es *kann* doch denken, wollen und empfinden; wenn auch alles viel langsamer vor sich geht als bei normal gebildeten Kindern. Bei dem eigentlich Blödsinnigen dagegen ist die Seele gänzlich gebunden. Mit sehendem Auge sieht er nicht, mit hörendem Ohr hört er nicht und

deshalb gehen ihm auch alle Vorstellungen und Begriffe ab. Seine Sprache besteht in gedankenlosem Schwatzen oder er stößt nur unartikulierte Laute aus. Er scheut keine Gefahr und die ganze körperliche wie geistige Erscheinung zeigt, daß bei diesen Unglücklichen von Unterricht und Erziehung kaum geredet werden kann und nur ein Abrichten zu bestimmten Tätigkeiten möglich ist.«
Erste Schulprogramme, die sich an den Zielen einer Grundausbildung (Sprechen-, Schreiben-, Lesen- und Rechnenlernen) orientieren, gleichzeitig aber auf die individuellen Möglichkeiten der Schüler eingehen, entwickeln sich. In einem Bericht aus Akten von Mariaberg vom 4. April 1865 heißt es:

»Biblische Geschichte: Jesus, der Kinderfreund, der verlorene Sohn, der barmherzige Samariter, die Erkrankung des Lazarus, Jesu Einzug in Jerusalem und das letzte Mahl Jesu mit seinen Jüngern, erzählt und jedes einzeln der Erzählung mehrfach wiederholt mit Hilfe der Bilder.
Anschauungsunterricht: derselbe wurde fortgesetzt an den Bildern 10, 11, 12 und 13.
Formenübungen: Vorbereitung: die früheren Übungen fortgesetzt mit den Stäbchen bis zu den Figuren mit vier Stäbchen, die letzten waren Stuhl, Zelt, Hut. Die letztgenannte Figur ging jedoch noch schwerer, muß wiederholt werden.
Sprachübungen: Die 6. und 7. Übung. Sophie Munk spricht dieselbe gut nach, auch in Verbindung mit den verschiedenen Vokalen. Friedrich Reitz dagegen kann aus der 6. Übung die f und w noch nicht sagen, weshalb diese beiden Buchstaben nach vielfachen Proben vorerst übergangen werden. Mit den übrigen Kindern werden Sprachübungen hauptsächlich an den kleinen Bildern geübt durch Fragen nach der Benennung der Gegenstände in der Ein- und Mehrzahl, in ihrem Geschlecht, der Tätigkeit oder des Nutzens. Lesen: die 5. und 6. Seite der Curantschrift in der Fibel gelesen und dabei die früheren immer recentirt.

Rechnen: Maria Burckhardt schreibt jetzt die Zahlen 1 bis 12 in der Reihenfolge ziemlich sicher, ebenso Anton Beck bis 10, Elisabeth Huck bis 7, während es in der Angabe einzelner Zahlen bei ihnen immer noch fehlt, deshalb kein weiterer Schritt im Zahlenschreiben gemacht werden kann. Friedrich Reitz und Sophie Munk haben die Zahl 4 schreiben gelernt, ohne sie jedoch zu kennen.
Schreiben: Die Schreibübungen wurden in der gleichen Weise fortgesetzt wie früher und keine besonderen Fortschritte dabei gemacht.
Auch vom Zeichnen gilt noch die frühere Angabe.
Bemerkungen: Luise Harter ist nun vom Unterricht ausgeschlossen.
Anschauungsunterricht: Einführung der Kinder (natürlich soweit der Grad ihrer Bildungsfähigkeit erlaubt) in die Grundanschauungen der innern und äußern Welt ist Wesen und Zweck dieses Unterrichts, der als grundlegender die nötige Voraussetzung für den übrigen Unterricht ist. Das Kind soll seine nächste Umgebung, die Natur und Menschenwelt kennenlernen.«

Aus den Klassenbüchern, Akten und Notizen der Lehrer verschiedener Schulen wird ersichtlich, daß, wie der Schulunterricht im vergangenen Jahrhundert allgemein, so auch der Sonderschulunterricht z. T. abgestimmt war auf religiöse Bildung. Den Behinderten wurde mit einfachsten Mitteln verdeutlicht, daß ihre Krankheit gottgewollt, also in Ergebenheit hinzunehmen sei. Allerdings entwickelten sich in der Mitte des 19. Jahrhunderts auch bereits einfachste Unterrichtsmittel, Lehr- und Lernmittel, die speziell später von der italienischen Ärztin und Pädagogin Maria Montessori (1870–1952) ausgearbeitet und verbessert wurden. Sie war die eigentliche Begründerin des Schulsystems, das der freien individuellen Entwicklung des Kindes breiten Raum läßt. Sie versuchte, die Lernbegierde des Kindes zu entfalten, anstatt ihm den Lehrstoff aufzuzwingen.

Die Hilfsschulen der Vergangenheit waren bis zum Beginn unseres Jahrhunderts mehr Bewahranstalten denn Schulen. Dies wird deutlich aus einer Notiz aus dem Jahre 1876: »Magdalene Schmidt: Sie ist sehr schwach und nimmt von ihrer Umgebung wenig Notiz. Bisher störte sie den Unterricht durch ihr unruhiges Wesen, doch hat man es jetzt so weit gebracht, daß sie ruhig an ihrem Platz bleibt. Sie ist stumm und gibt nur unartikulierte Töne von sich. Seit einiger Zeit beschäftigt sie sich ganz mit Bauklötzen und nimmt am Spielen gerne teil.«

Im Jahre 1876 wurden allerdings auch hier schon Arbeiten für die Industrie ausgeführt oder, wie es der Stundenplan ausweist, »Industriearbeiten oder Spaziergang«. Das Wort »Industrie« taucht in den Stundenplänen von 1876 und in denen der folgenden Jahre mehrfach auf.

Während nach dem Jugendarbeitsschutzgesetz Kinderarbeit heute in der Bundesrepublik grundsätzlich verboten ist (obwohl dieses Verbot häufig genug übertreten wird und die Gewerbeaufsichtsämter allein personell nicht in der Lage sind, eine entsprechend erforderliche Überwachung der Handwerksbetriebe und Industriefirmen durchzuführen), war die Kinder- und Jugendarbeit im vergangenen Jahrhundert üblich. In der Gegend von Neustadt-Eberswalde und in Luckenwalde wurden um 1815/20 Kinder von fünf und sechs Jahren in den Werkstätten ihrer Eltern und in Fabriken zu ausgesprochen mechanischen Fertigkeiten abgerichtet. Die Arbeit in den Fabriken begann morgens um sechs Uhr und dauerte bis abends neun Uhr, unterbrochen durch eine einstündige Mittagspause, insgesamt also 12 Stunden.

In einem Gutachten der Regierung in Berlin an den Oberpräsidenten von Heydebreck vom 1. Juni 1819 heißt es: »Wir gehen nun zu den Kenntnissen und der geistigen Ausbildung dieser Kinder über, welche, wenn diese vom neunten bis zum vierzehnten Jahre in den Fabriken arbeiten müssen, wohl nicht groß sein kann, dennoch ist das Resultat zum Erschrecken bei den sehr herabgestimmten Forderungen, welche wir an diese Kinder zu machen uns veranlaßt sahen. Sie begriffen als das Höchste die Kenntnis des Rechnens, dann Kenntnis des Schreibens, Kenntnis des Lesens und einige Kenntnis der Religion. Im allgemeinen haben wir gefunden, daß nur wenige dieser Kinder Schulen besuchen, andere haben zwar ehemals die Schule besucht, sind aber seit vielen Jahren nicht mehr in dieselbe gegangen, noch andere haben weder Unterricht genossen, noch die Aussicht, ihn jemals zu genießen. Im einzelnen steht die Sache also:

1. Von den 715 durch die Polizei ausgemittelten, in Fabriken arbeitenden Kindern können nur 234 rechnen, dagegen sind 481 oder 37/55 im Rechnen völlig unwissend.
2. Von den 715 obgedachten Kindern können nur 351 Kinder etwas schreiben, dagegen sind 364 oder 28/55 dieser Fertigkeit unkundig.
3. Von denselben haben es zum Lesen gebracht 455, nicht lesen können 260 oder 20/55.
4. Religionskenntnisse besitzen nur 39, dagegen sind 676 oder 52/55 ganz unwissend in diesem Gegenstande.

Fassen wir jetzt das Allgemeine der Lage der in den Fabriken arbeitenden Kinder zusammen, so ist folgendes: Eine beträchtliche Anzahl Kinder in dem zarten Alter von 9 bis 14 Jahren wird genötigt, zwölf Stunden täglich bei einer einförmigen, oft schweren, oft leichteren, allemal aber durch ihre Dauer bedrückenden körperlichen Arbeit gegen den Lohn von 4 Pfennigen pro Stunde in der Fabrik zu verweilen und hat teils nicht Zeit, teils nicht Gelegenheit, das Minimum der notwendigen Kenntnisse für die niedrigste Stufe der bürgerlichen Gesellschaft zu erlangen.«
Waren also die Hilfsschüler zu beneiden, die aufgrund ihrer Behinderung nicht in der Lage waren, wie viele ihrer Altersgenossen

schon in der Fabrik arbeiten zu müssen? Kinderarbeit gab es auch in den Hilfsschulen, die kleine Verrichtungen für die Industrie machten. Diese Arbeiten dienten wohl in erster Linie der Aufstokkung des sicherlich kargen Etats der Schule. Als Nebenzweck nahmen die Kinder gewisse Fertigkeiten im Umgang mit Handwerkszeug an. Eine systematische Ausbildung, wie sie heute in den Beschützenden Werkstätten erfolgt, war seinerzeit mit dieser Industriearbeit nicht verbunden. Und es gab für die Behinderten kaum die Möglichkeit, auf eine Beschäftigung in der Arbeitswelt vorbereitet zu werden, noch eine solche Beschäftigung überhaupt. Gebrauchen konnte man die gesunden Kinder.

Während viele der gesunden Kinder »durch die Fabriken zu ungeschickten, unwissenden, verkrüppelten, körperlich schwachen und gemütlosen Menschen« wurden, bemühte man sich in ersten Anfängen um die behinderten Kinder. Unter dem Einfluß des Pietismus in Württemberg sah man in dem Bemühen um diese Menschen ein gottgefälliges Werk.

In dem »Auszug aus der Instruktion für Lehrer« heißt es im Diarium für die erste Schule in Mariaberg von 1889:

§ 1

Die Stellung der Lehrer in der Anstalt unterscheidet sich von derjenigen anderer Lehrer dadurch, daß sie hier sich als Mitglieder einer Familie zu betrachten haben, deren harmonisches und geordnetes Zusammenleben sie auf jede Weise unterstützen sollen. Sie haben ihre ganze Zeit Interessen der Anstalt zu widmen und neben der notwendigen Ausbildung für ihr Fach im allgemeinen sich dem Studium der Idiotenbildung hinzugeben.

§ 2

An den Kindern vertreten sie Vaterstelle, leiten nach den von dem Direktor aufgestellten und von dem Vorstand gutgeheißenen

Grundsätzen deren ganze Erziehung. Bei der Behandlung der Kinder selbst, sowohl im Unterricht als außer demselben, werden sie ihrer Stellung eingedenk und den vorhandenen Verhältnissen Rechnung tragend stets mit Liebe und Geduld und Sanftmut vorgehen und auch von dem ihnen zustehenden Strafrecht nur in mildem Maße Gebrauch machen und so dem weiteren Personal in keiner Weise Anlaß zu grobem und rohem Verfahren gegen die Kinder geben, sondern durch eigenes humanes Verfahren dasselbe zu ähnlichem Tun veranlassen.

§ 3

Unter sich sollen die Lehrer zusammen wirken und durch steten Austausch ihrer Erfahrungen, Beobachtungen, Gedanken etc. eine einheitliche Behandlung der Kinder, soweit dies unter Beachtung der bei diesen Kindern notwendigen Individualisierung angeht, zu erreichen suchen. Zu besserer Erreichung dieses Zweckes findet alle Monate ein Lehrerkonvent bei dem Direktor statt.

§ 4

In der Schule darf der Grundsatz nie aus dem Auge gelassen werden, daß es sich mehr um geistige und gemütliche Anregung als um eine bestimmte Summe des Wissens bei dieser Art von Kindern handelt. Ferner, daß der Lehrer seinen Unterricht der Individualität der Kinder und deren Bedürfnissen anzupassen hat, daß bei der schwachen Begabung derselben auf die niedrigste Stufe des Wissens herabgestiegen werden muß und womöglich alles Lehren mit einer Anregung der Sinne, also Anschauungsunterricht im weitesten Sinne, verbunden sein muß. Dazu kommt noch bei vielen ein Sprechunterricht, der neben den gewöhnlichen Fächern hergehen muß, und bei allen dazu Fähigen ein durch Leichtverständlichkeit des Stoffes und Vortrags ins Gemüt eingehender Religionsunterricht. Vieles kann auch aus der Anschauung der Natur selbst gelehrt werden, daher dazu günstige Stunden im Freien zu geben sind.

§ 5

In den Nachmittagsstunden kann die Schule bei günstiger Witterung zu Spaziergängen oder Ausführung gemeinschaftlicher Arbeiten, jedoch immer unter Aufsicht beziehungsweise Unterstützung der Lehrer und mit Wissen des Direktors ausgesetzt werden, was vormittags ohne dringende Ursache nicht geschehen soll.

§ 6

Der Schulunterricht wird an Werktagen täglich von morgens 8 Uhr bis 11 1/2 Uhr mit einer Unterbrechung von einer halben Stunde (9 3/4 bis 10 1/4 Uhr) und nachmittags von 2 bis 4 Uhr erteilt, woran sich noch der Turnunterricht (nach dem Nachmittagsinterstitium 4 bis 4 1/2 Uhr) von 4 1/2 bis 5 1/2 Uhr anschließt.

§ 7

Zu den obligaten Unterrichtsfächern gehören

1. der Religionsunterricht bzw. biblische Geschichte, verbunden mit dem vorgeschriebenen Stoff,
2. der Anschauungsunterricht, welcher in seiner Erweiterung zum Geschichts- und Geographieunterricht von Württemberg, Deutschland, Europa werden kann, natürlich nur in den einfachsten und allgemeinsten Umrissen, hieran schließt
3. der Formenunterricht sich an, durch Benützung der Körper: Würfel, Säule, Pyramide, Walze, Kegel, Kugel, Halbkugel, Ferner Betrachtung des Punktes, der Linie, Winkel, Fläche, des Dreiecks, Vierecks etc. und des Kreises,
4. das Lesen, verbunden mit Vortrag,
5. das Schreiben, Schön- und Rechtschreiben,
6. das Rechnen, Tafel- und Kopfrechnen,
7. das Zeichnen, Lineal- und Freihandzeichnen,
8. das Singen, Choräle und Arien,
9. der Sprachunterricht, verbunden mit Lesen,

10. der Sprechunterricht, Entlockung der Laute etc.
11. das Turnen, Frei- und Geräteturnen.
Mariaberg, den 1. Juli 1889 Lehrer Rominges

Wenn der Aufgabenkomplex mit Geographie- und Geschichtsunterricht, mit Formenunterricht und Benützung der Körper, mit Schön- und Rechtschreiben und Rechnen auch etwas sehr hoch gesteckt war, so kann über die Behandlung in den ersten Heimschulen nur Positives berichtet werden. Hier waren die Kinder behütet und unter Gleichartigen und Gleichaltrigen, sie waren nicht mehr nur die Dorfdeppen, die von Jung und Alt gehänselt und von den Eltern versteckt wurden. Gemessen an der Situation in der Zeit vorher muß diese Betreuung – trotz des gewissermaßen strengen Reglements, der Arbeit für die Industrie und der nicht immer idealen Unterbringungsmöglichkeiten – ein großer Fortschritt gewesen sein.
Bis 1904 waren in Deutschland an 172 Orten 700 Hilfsschulklassen mit rund 15 000 Schülern errichtet. Zehn Jahre später, 1913/14, waren es 1850 Klassen mit etwa 43 000 Schülern in 320 Städten. Nach erheblichen Schwierigkeiten in der Nachkriegs- und Inflationszeit (geringe Bereitschaft der Behörden, Arbeitslosigkeit, Auflösung von Klassen und Schulen) entwickelten sich die Heilpädagogik und das Sonderschulwesen in den Zwanziger Jahren ausgezeichnet. An den deutschen Universitäten wurden in der medizinischen und auch in der philosophischen Fakultät heilpädagogische Probleme diskutiert. In Berlin, Halle, Köln, Leipzig, Mainz und München stellten sich namhafte Wissenschaftler in den Dienst der Heilpädagogik. Deutschland wurde führend auf diesem Sektor.
Zwischen 1933 und 1945 wurde aus dem »Verband der Hilfsschulen Deutschlands« die »Fachschaft der Sonderschulen im nationalsozialistischen Lehrerbund«. Die Lehrervereine wurden gleichgeschaltet, die bisher führenden Männer wurden durch alte Kämpfer ersetzt, die Ausbildungslehrgänge wurden 1933 in Preußen verboten, das

»Gesetz zur Verhütung erbkranken Nachwuchses« erschien, das verbrecherische Euthanasieprogramm wurde durchgeführt. Das Hilfsschulwesen schrumpfte zusammen, und die Zahl der Schulen und Klassen sank 1927–1938 von 1027 auf 677 bzw. 3966 auf 3190, die Zahl der Lehrer von 4036 auf 3192. Der Unterricht wurde in vielen Städten völlig eingestellt, und 1945 blieb von dem mühsam aufgebauten Hilfsschulsystem wenig übrig, an das man anknüpfen konnte.

Beim Neubeginn 1945 hatten die neuerrichteten Hilfsschulklassen deshalb vieles gemeinsam mit denen aus der Zeit um die Jahrhundertwende. Vom einfachen Schulversager über hör-, sprach- und sehgeschädigte bis zu schwerstbehinderten Kindern wurde alles in die Klassen gestopft. Erst im Laufe der Jahre wurde die Situation besser, wurden spezielle Klassen und Schulen für die verschiedenen Arten der Schädigungen eingerichtet. Der Gedanke der einfachen Betreuung trat in den Hintergrund. Man erkannte, daß auch das geschädigte Kind gefordert werden muß und daß Leistungsanforderungen gestellt werden können und müssen, entsprechend den biologischen und psychischen Möglichkeiten. In diesem Stadium des Ausbaus befindet sich das Sonderschulwesen noch heute.

2. Arten der Sonderschulen und ihre Aufgaben

Über die Aufgaben der Sonderschulen sagt die »Empfehlung zur Ordnung des Sonderschulwesens«, beschlossen von der ständigen Konferenz der Kultusminister der Länder in der Bundesrepublik am 16. März 1972: »Die Sonderschulen sollen das Recht des behinderten Menschen auf eine seiner Begabung und Eigenart entsprechenden Bildung und Erziehung verwirklichen. Sie sind Stätten der Habilitation und Rehabilitation in Familie, Wirtschaft und Gesellschaft. Eine der individuellen Eigenart der Schüler gemäße Bildung soll sie zu sozialer und beruflicher Eingliederung führen und ihnen zu einem erfüllten Leben verhelfen.

In die Sonderschulen werden Kinder und Jugendliche aufgenommen, die infolge einer Schädigung in ihrer Entwicklung und in ihrem Lernen so beeinträchtigt sind, daß sie in den allgemeinen Schulen nicht oder nicht ausreichend gefördert werden können. Besondere Aufgabe der Sonderschulen ist es, den Kindern und Jugendlichen rechtzeitig zu helfen, Vertrauen zu sich und ihren Leistungsmöglichkeiten zu gewinnen. Lebenshilfe ist daher ein Grundprinzip der Sonderschule. Sie bestimmt das Klima der Schule, die Grundsätze des Unterrichts und die einzelnen Hilfeleistungen für jeden Schüler.

Unerläßlich sind dabei sonderpädagogische Methoden, Mittel und Maßnahmen, bei denen das ständige, zielstrebige Üben der Funktionen, die behindert oder gestört sind, und das Üben der noch erhaltenen Kräfte im Vordergrund steht. Da der Schüler infolge seiner Behinderung auch in seiner Leistungsfähigkeit begrenzt ist und außerdem durch besondere therapeutische Maßnahmen in seinen Kräften und in seiner Zeit stark beansprucht wird, ist bei der Auswahl des Lernstoffs zu beachten, daß der Schüler nicht überfordert wird. Sonderpädagogische Methoden und Mittel sind auch, soweit sie für einzelne Schüler erforderlich sind, in den allgemeinen Schulen anzuwenden.«

Zur Zeit gibt es verschiedene Sonderschularten, auf die sich der Anteil der Sonderschulbedürftigen (nach vorliegenden Ergebnissen der Kultusministerien) prozentual wie folgt verteilt:

Sonderschule für Blinde	0,015 Prozent
Sonderschule für Gehörlose	0,05 Prozent
Sonderschule für geistig Behinderte	0,6 Prozent
Sonderschule für Körperbehinderte	0,2 Prozent
Sonderschule für Lernbehinderte	4,0 Prozent
Sonderschule für Schwerhörige	0,18 Prozent
Sonderschule für Sehbehinderte	0,1 Prozent
Sonderschule für Sprachbehinderte	0,5 Prozent
dazu ambulant Therapiebedürftige	1,0 Prozent
Sonderschule für Verhaltensgestörte einschl. der Kinder und Jugendlichen in Erziehungsheimen	1,0 Prozent

Die Kultusministerkonferenz aber erklärt selbst: »Die angegebenen Werte können sich im Laufe der Zeit nach dem Stand der wissenschaftlichen Forschung und dem Wandel der Umweltbedingungen verändern. Es muß angestrebt werden, den Anteil der Sonderschulbedürftigen durch entsprechende Maßnahmen, wie zum Beispiel durch vorschulische Erziehung, Früheinschulung oder durch Differenzierung in der Grundschule zu senken. Vor allem ist zu vermeiden, daß sich die Zahl der Sonderschulbedürftigen durch die angestrebte Leistungssteigerung in den allgemeinen Schulen erhöht.«

Wie das eine zu erreichen und das andere zu vermeiden ist, darüber sagt die Schrift nichts.

Über den Aufbau der Sonderschulen heißt es in der »Empfehlung«:

»Die Sonderschule in ihren verschiedenen Typen ist eine eigenständige Schulform. Die organisatorische Gliederung der Sonderschulen richtet sich nach der Behinderungsart und den Fähigkeiten der Schüler. Wegen der Besonderheit der pädagogischen Arbeit sollten Sonderschulen grundsätzlich als Ganztagsschulen geführt werden.
Die Einrichtung von zweizügigen Schulen ist anzustreben. Auch dort, wo aus zwingenden Gründen kleine Schulen nicht zu vermeiden sind, werden sie als selbständige Sonderschulen geführt. Auch in ländlichen Gebieten sollen sie mindestens dreistufig gegliedert sein. Es sind Einrichtungen zu schaffen, die nach Möglichkeit auch Behinderte in die Lage versetzen, die Bildungsabschlüsse der allgemeinen Schulen zu erreichen.
Sonderschulen mit überregionalem Einzugsbereich sind Schülerheime anzugliedern. Damit die Bindung der Schüler an das Elternhaus erhalten bleibt, ist für diese Schulen die 5-Tage-Woche dringend zu empfehlen.
Die innere Organisation der Sonderschulen – Gruppen, Stufen oder Klassen – richtet sich nach sonderpädagogischen Grundsätzen.
Mehrfach behinderte Kinder, wie z. B. blinde Gehörlose, blinde und gehörlose Geistigbehinderte, sinnesgestörte Körperbehinderte, besuchen die Sonderschule, in der sie am besten – gegebenenfalls durch Differenzierung – gefördert werden können, soweit nicht eigene Einrichtungen zu schaffen sind. Als ein Beispiel wird die Schule für Taubblinde dargestellt. Die Durchlässigkeit zwischen den einzelnen Sonderschultypen und zu den allgemeinen Schulen ist in besonderem Maße zu sichern.
Bei Grenzfällen zwischen Sonderschulbedürftigkeit und Normalschulfähigkeit ergibt sich für die allgemeinen Schulen die Aufgabe, nicht eindeutig sonderschulbedürftige Kinder durch Differenzierung bestmöglich zu fördern. Schulen für Blinde, Gehörlose, Körperbehinderte, Schwerhörige und Sehbehinderte sollen Primarstufe (Grundschulstufe) und Sekundarstufe I (Hauptschulstufe und Real-

schulzug) führen. Für alle Behinderungsformen sind Einrichtungen oder Maßnahmen im Elementarbereich erforderlich.
Wenn die geringen Schülerzahlen eine Konzentration erfordern, sind überregionale beziehungsweise länderübergreifende Einrichtungen für Behinderte zu schaffen. Das gilt insbesondere für schwer Mehrfachbehinderte, für die Berufsausbildung Blinder und Gehörloser oder für begabte Schüler der Blinden-, Sehbehinderten-, Gehörlosen-, Schwerhörigen- und Körperbehindertenschulen, die die Hochschulreife erlangen können.«

Damit die Sonderschulen ihren Aufgaben gerecht werden können, soll bei der Festsetzung der Schülerzahlen für Klassen oder Gruppen auf die Eigenart und den Grad der Behinderung der Kinder und Jugendlichen und die somit erforderlichen Unterrichts- und Erziehungsmethoden Rücksicht genommen werden. Während die Schülerzahl der Klassen oder Gruppen für Lernbehinderte mit 16 Schülern angegeben wird, werden bei Sehbehinderten, Sprachbehinderten und Verhaltensgestörten Klassen oder Gruppen mit je 12 Schülern empfohlen, bei Blinden und Schwerhörigen mit 10, bei Gehörlosen und Geistigbehinderten mit 8 und bei Körperbehinderten Gruppen oder Klassen von 6 bis 10 Schülern.

Genau festgelegt sind die Aufgaben, die diese Sonderschulen gegenüber ihren Schülern zu erfüllen haben:

Die Schule für Blinde

hat die Aufgabe, ihre Schüler für die Welt der Sehenden zu erziehen. Das Bildungsgut der allgemeinen Schulen ist so auszuwählen und zuzubereiten, daß die Besonderheiten der Schüler und ihre späteren beruflichen Möglichkeiten berücksichtigt werden. Entscheidende Bedeutung kommt der Ausbildung der übrigen Sinne und des Tastsinns zu. Der Gefahr eines leeren Wortwissens ist entgegenzuwirken.

Die Schüler müssen insbesondere lernen, sich räumlich zu orientie-

ren, ihre Bewegungshemmungen zu überwinden, die Verrichtungen des täglichen Lebens auszuführen und ihre Abhängigkeit von der Hilfe Sehender zu verringern. Vor allem Schwimmen und Sonderturnen verhelfen den Schülern zu Körperbeherrschung und einwandfreier Körperhaltung. Leibesübungen, Singen, Musizieren und Rezitieren, Bewegungsspiele, Gesellschaftsspiele und Laienspiele dienen der allgemeinen Erziehung blinder Schüler und vermitteln ihnen Anregungen für sinnvolle Beschäftigung in ihrer Freizeit.
Um den differenzierten Aufgaben gerecht werden zu können, sind vollausgebaute Schulsysteme erforderlich, die eine durchgegliederte Primar- und Sekundarstufe umfassen. Nach Bedarf sind zentrale Einrichtungen zu schaffen (Realschul-, Gymnasial-, Berufsschul- und Berufsfachschulzüge).

Die Schule für Taubblinde
hat die Aufgabe, ihre Schüler aus der völligen Isoliertheit zu lösen, ihr Interesse an der Umwelt zu wecken und sie zum Kontakt zu den Mitmenschen zu befähigen. Der Ausfall der beiden wichtigsten Sinne stellt eine so schwerwiegende Behinderung dar, daß grundsätzlich nur Einzelunterricht möglich ist. Für jedes Kind ist ein eigener Bildungsplan auszuarbeiten.
Nach Möglichkeit sollen die Schüler lernen, sich räumlich zu orientieren, ihre Bewegungshemmungen zu überwinden, Verrichtungen des täglichen Lebens auszuführen und ohne ständige Hilfe Sehender auszukommen. Der Ausbildung des Tastsinns und der übrigen erhalten gebliebenen Sinne kommt besondere Bedeutung zu. Erstrebenswertes Ziel ist, Gesprochenes durch Abfühlen wahrzunehmen und sich durch Lautsprache verständlich mitzuteilen. Kann dies nicht erreicht werden, ist der Taubblinde auszubilden, sich möglichst durch natürliche Gebärden, Handalphabet und Blindenschrift der Umwelt verständlich zu machen. Für taubblinde Kinder ist eine frühzeitige Förderung besonders dringlich.

Die Eltern bedürfen des Rates, der Hilfe und der ständigen Schulung. Neben der Schule für Taubblinde können die Schulen für Blinde oder für Gehörlose erste Beratungsstellen sein.

Die Aufgabe der Schule für Gehörlose

besteht darin, die Gehörlosen für die Welt der Hörenden zu erziehen und ihnen insbesondere die Lautsprache zu vermitteln. Sie müssen sprechen lernen und befähigt werden, Gesprochenes durch Absehen vom Munde und gegebenenfalls unter Ausnutzung auditiver Hilfsmittel wahrzunehmen. Anzustreben sind reine und kräftige Lautbildung in möglichst natürlicher Stimmlage, Beherrschung der Lautverbindungen und flüssiges, verständliches Sprechen. Die Schüler sollen soweit wie möglich zum sprachlichen Verkehr mit der Umwelt in Wort und Schrift befähigt werden.

Die Arbeit an der Schule für Gehörlose wird an die Bildungspläne der allgemeinen Schulen angelehnt. Sprachausbildung, Sprachaufbau und technisches Sprechen erfordern jedoch eine eigene Auswahl und Anordnung des Lehrstoffs. Dabei muß die Arbeit immer abgestimmt sein auf die spezielle psychische Situation der Schüler, die überwiegend von Geburt an weitgehend sozial isoliert sind und unter außerordentlichem Informationsmangel leiden. Alle technischen Hilfsmittel, die zur Wahrnehmung der Sprache, zur Eigenkontrolle des Sprechens und zur Ausnutzung der Hörreste verhelfen können, sind zu verwenden.

Um den differenzierten Aufgaben gerecht werden zu können, sind vollausgebaute Schulen erforderlich, die eine Primar- und Sekundarstufe I umfassen. Realschulzüge sowie Berufsschul- und Berufsfachschulzüge sind je nach Bedarf zentral einzurichten. Die Vollzeitschulpflicht dauert ein Jahr länger als in den allgemeinen Schulen. Für mehrfachbehinderte gehörlose Kinder und Jugendliche sind an bestimmten Schulen für Gehörlose besondere Klassen, Züge oder Abteilungen zentral einzurichten.

Die Arbeit in der Schule für Geistigbehinderte

unterscheidet sich grundsätzlich von der Arbeit aller anderen Sonderschulen. Sie muß aufgrund der stärkeren Abhängigkeit des geistigbehinderten Schülers, seiner Unselbständigkeit und seiner Hilfsbedürftigkeit umfassender, persönlicher und intensiver sein als in jeder anderen Sonderschule.

Die Einführung in die Fertigkeiten des Lesens, Rechnens und Schreibens tritt zurück gegenüber einer Erziehung, die sich von der Umgänglichkeit über die Anstelligkeit, Körperbeherrschung, Wahrnehmungs- und Wiedergabefähigkeit bis hin zur Anbahnung einfacher Denk- und Sprachvollzüge erstreckt. Dazu sind neben dem Sonderschullehrer weitere Mitarbeiter notwendig.

Die Schule für Geistigbehinderte kann ihre Aufgabe nur als Ganztagsschule erfüllen. Sie gliedert sich nicht nach Jahrgangsklassen, sondern in Stufen. Kinder vergleichbaren geistigen und körperlichen Entwicklungsstandes werden der jeweils für sie geeigneten Stufe zugewiesen. Mindestgröße ist die einzügige Schule mit fünf Gruppen, die optimale Größe wird mit der Zweizügigkeit erreicht; die Dreizügigkeit sollte nicht überschritten werden.

Die Schule für Körperbehinderte

soll ihre Schüler befähigen, mit ihren vorhandenen Kräften das ihnen erreichbare Höchstmaß an Leistungen zu finden und dadurch Vertrauen zu sich selbst zu gewinnen. Sie sollen lernen, zu einer realen Sicht ihrer Grenzen und Möglichkeiten zu gelangen, und dabei zu erfahren, daß sie trotz ihrer Körperbehinderung sinnvolle Aufgaben in der Gesellschaft erfüllen können. Die Stoffauswahl muß die andersartige, oft eingeschränkte Entwicklung des körperbehinderten Schülers berücksichtigen.

Krankengymnastische, beschäftigungstherapeutische und logopädische Einzel- oder Gruppenbehandlung müssen während der gesamten Schulzeit in Zusammenarbeit mit dem Landesarzt durchgeführt werden und die Habilitation des Körperbehinderten unterstützen.

Die Schule für Körperbehinderte ist wegen ihres großen Einzugsbereichs in der Regel mit einem Schülerheim (Internat) zu verbinden. Soweit Schulen für Körperbehinderte an Kliniken oder Heilstätten bestehen, sind sie selbständig. Auch diese Schulen sollten von Tagesschülern besucht werden können.

Die Schule für Lernbehinderte
hat die Aufgabe, ihren Schülern unter Anwendung sonderpädagogischer Maßnahmen eine angemessene Bildung zu vermitteln. Durch besondere Erziehungs- und Unterrichtsmethoden, durch sozialpädagogische Fürsorge und durch Bereitstellung therapeutisch wirksamer Situationen soll die geistig-seelische und körperliche Entfaltung der Lernbehinderten gewährleistet werden.
Der Bildungsplan der Schule für Lernbehinderte darf nicht eine Verkürzung oder Vereinfachung des Bildungsplans der Grund- und Hauptschule sein. Er muß auf den dem lernbehinderten Schüler gegebenen Möglichkeiten aufbauen. Der Schüler soll in die Lage versetzt werden, den Anforderungen seines späteren Lebens soweit als möglich gerecht zu werden, um einen Platz in der Arbeitswelt zu finden. Diese Aufgabe fällt auch den beruflichen Schulen zu.
Das Lernen durch Beispiel, die eigene Erfahrung im Umgang mit Personen und Sachen, das ständige Üben, die Gewöhnung und die Pflege persönlicher Kontakte haben den Vorrang vor einer überwiegend belehrenden und erklärenden Unterrichts- und Erziehungsweise. Um die Fähigkeit zu stärken, Vorgänge darzustellen und ihre Zusammenhänge deutend zu erfassen sowie sich den Mitmenschen sachgerecht und verständlich mitzuteilen, haben sprachliche Ausdruckspflege und Begriffsbildung besonderes Gewicht.
Die Selbsttätigkeit muß in der Schule für Lernbehinderte besonders gepflegt werden, weil sie geeignet ist, zu Einsichten zu führen, die dem Lernbehinderten sonst verschlossen bleiben. Dabei erzielte Erfolgserlebnisse stärken das Selbstvertrauen. Um den verschieden-

artigen Anlagen der Schüler und den vielfältigen Formen, in denen sich ihre Lernbehinderung äußert, gerecht zu werden, ist der differenzierenden Arbeitsweise weiter Raum zu geben. Technisches Werken und musisches Tun haben zusätzlichen diagnostischen und therapeutischen Wert.
Schüler, deren Entwicklung besonders günstig verläuft, ist durch rechtzeitige und gut vorbereitete Rückschulung in die Hauptschule die Möglichkeit zu bieten, den Hauptschulabschluß zu erreichen. Ferner sind Einrichtungen zu schaffen, die ihnen auch nach Beendigung der Schulzeit an der Sonderschule diesen Abschluß ermöglichen.

Die Schule für Schwerhörige
hat die Aufgabe, die durch die Hörminderung entstandene Sprachentwicklungsverzögerung ihrer Schüler zu überwinden und das vorhandene Hörvermögen planmäßig zu schulen. Dazu gehören:

systematischer Sprachaufbau,
Artikulationsunterricht,
Absehschulung,
Hörtraining und
Übung im Gebrauch von Hörgeräten.

Die Arbeit der Schule für Schwerhörige muß abgestimmt sein auf die spezielle psychische Situation ihrer Schüler, die überwiegend von Geburt an weitgehend sozial isoliert sind und unter außerordentlichem Informationsmangel leiden. Der allgemeine Grundsatz, bei der Auswahl der Lernziele den Schüler nicht zu überfordern, ist hier besonders zu beachten, da die Sprachbildung sowie die Aufnahme des gesprochenen Worts im Unterricht mehr Zeit erfordern.
Um den differenzierten Aufgaben gerecht werden zu können, sind vollausgebaute Schulen erforderlich, die eine Primar- und Sekundarstufe I umfassen. Realschulzüge sowie Berufsschul- und Berufs-

schulfachzüge sind je nach Bedarf zentral einzurichten. Soweit sie die Befähigung besitzen, sollten Schwerhörige nach der Sekundarstufe I ihre Ausbildung an einem allgemeinen Gymnasium fortsetzen. Für gymnasiale Züge sollen die Länder überregionale Einrichtungen schaffen.

Die Schule für Sehbehinderte
hat die Aufgabe, den Schüler zu erziehen, einerseits das vorhandene Sehvermögen durch Schonung des Auges zu erhalten und es andererseits unter den gegebenen Umständen durch planmäßige Sehschulung zu entwickeln und zu steigern. Bei der Stoffauswahl sind Beschränkungen nach Zeit und Umfang in den Fächern geboten, in denen Lesen und schriftliche Arbeiten erforderlich sind.
Bei der Wahl der Arbeitsmittel, Arbeitsformen und Arbeitsmethoden muß das individuelle Sehvermögen des einzelnen Schülers berücksichtigt werden. Im Unterricht sind alle technischen Hilfsmittel zu verwenden, die für Sehbehinderte notwendig sind.
Bei der Erziehung der Sehbehinderten darf nicht übersehen werden, daß durch Rhythmik, Tanz und Sport dem Schüler geholfen wird, seine Bewegungsarmut abzubauen, sein Raumgefühl zu entwickeln und sich sicherer zu bewegen. Trotz der Sehbehinderung sollte das Bildnerische Gestalten mit geeignetem Material nicht vernachlässigt werden.
Die pädagogische und schulorganisatorische Selbständigkeit der Schule für Sehbehinderte muß gewährleistet sein, auch dort, wo die Schule mit einer Schule für Blinde räumlich zusammengefaßt ist. Um den differenzierten Aufgaben gerecht werden zu können, sind vollausgebaute Schulsysteme erforderlich, die eine durchgegliederte Primar- und Sekundarstufe umfassen. Sofern sie die Befähigung besitzen, sollten Sehbehinderte nach der Sekundarstufe I ihre Ausbildung an einem allgemeinen Gymnasium fortsetzen. Für gymnasiale Züge sollen die Länder überregionale Einrichtungen schaffen.

Die Schule für Sprachbehinderte

hat wie die ambulante Behandlung die Aufgabe, die sprachlichen Fehlleistungen der Schüler sachgerecht zu beheben, ihre sprachliche Kontaktfähigkeit und ihr sprachliches Ausdrucks- und Mitteilungsvermögen und ihre Gesamtentwicklung so zu fördern, daß sie nicht nur ihre Scheu vor der Gemeinschaft überwinden, sondern ihr mit Selbstvertrauen mitteilsam begegnen.

Da die meisten Schüler nach etwa ein bis zwei Jahren von ihrer Sprachstörung befreit oder soweit gebessert werden können, daß sie in der Lage sind, dem Unterricht der allgemeinen Schule zu folgen, besuchen Sprachbehinderte in der Regel nur während eines Teils ihrer Schulzeit die Sonderschule.

Neben den Schulen für Sprachbehinderte werden Kurse für solche Schüler eingerichtet, die in den allgemeinen Schulen mit Erfolg am Unterricht teilnehmen können, aber Sprachschwierigkeiten aufweisen, die einer Behandlung bedürfen. Der Erfolg dieser Kurse hängt vom Zusammenwirken des Sonderschullehrers mit den Lehrern der allgemeinen Schulen und den Erziehungsberechtigten ab.

Die Schule für Verhaltensgestörte

muß dem Schüler helfen, seine Fehlhaltung zu überwinden. Dazu muß sie die endogenen und exogenen Ursachen der Fehlentwicklung kennen, um sie mit Hilfe sonderpädagogischer, therapeutischer und sozialpädagogischer Maßnahmen beheben oder mildern zu können. Ziel der Schule muß sein, die Schüler so bald wie möglich den allgemeinen Schulen wieder einzugliedern.

Obwohl die erzieherische Aufgabe den Vorrang hat, ist der Schüler möglichst so zu fördern, daß er bei der Entlassung in seinen Schulleistungen gegenüber seinen Altersgenossen aus den allgemeinen Schulen möglichst nicht zurücksteht. Bei den Aufgaben sind solche zu bevorzugen, die das Interesse des Schülers finden und ihn von der Sache her zur Mitarbeit zu gewinnen vermögen. Die Pflege des

Musischen und der Werkerziehung hat in diesem Zusammenhang besonderen diagnostischen und therapeutischen Wert.
Zeugnisse im letzten Schuljahr werden ohne besondere Kennzeichnung der Schule für Verhaltensgestörte für die Schulform ausgestellt, nach deren Bildungsplänen die Schüler unterrichtet wurden.
Die Schulen für Verhaltensgestörte können mit Heimen, Anstalten oder Kliniken verbunden sein.
Ungeachtet der pädagogischen Selbständigkeit der Schule müssen die Maßnahmen zwischen Heim und Schule aufeinander abgestimmt werden. Das kann nur durch ständige Zusammenarbeit zwischen allen an der Erziehung Beteiligten (Schulleiter, Heimleiter, Lehrer, Psychologe, Sozialarbeiter) erreicht werden.
Schulen für Verhaltensgestörte außerhalb der Heime kommt insofern besondere Bedeutung zu, als bei gleichzeitiger Hilfestellung für die Familie durch Einzelberatung und Maßnahmen der Familienfürsorge die Schüler im Elternhaus verbleiben können. Dadurch kann die Gefahr einer stärkeren Isolierung verringert werden.
Aufgenommen in die Sonderschulen der verschiedenen Arten werden Jungen und Mädchen mit entsprechenden Störungen oder Behinderungen.

*

1970 wurden in der Bundesrepublik Deutschland 810 000 Kinder geboren, von denen schätzungsweise jedes zehnte mit Mängeln und Behinderungen auf die Welt gekommen ist. Die Ursachen können sein: Virusinfektionen, Erbkrankheiten, Stoffwechselstörungen, Chromosomstörungen, Störungen während der Schwangerschaft, zum Beispiel auch Erkrankungen der Mutter (Röteln), Störungen im Geburtsverlauf, operative Eingriffe während der Geburt. Krankheiten oder Unfälle im Säuglings- oder Kindesalter werden die Zahl der Behinderten des Jahrgangs 1970 noch vergrößern.

Die Gesamtzahl der Behinderten in der Bundesrepublik wird nach einer Umfrage aus dem Jahre 1966 in 125 000 Haushaltungen mit rund 340 000 Personen und nach einer Hochrechnung aufgrund der bei der Umfrage gewonnenen Zahlen mit etwa 4,1 Millionen angenommen. Das wären sieben Prozent aller Bundesbürger. Wahrscheinlich ist die Zahl jedoch wesentlich höher und liegt schätzungsweise um zehn Prozent. Genaue Zahlen gibt es nicht.

In der Bundesrepublik, in einer der reichsten Nationen der Welt, gibt es Zehntausende von behinderten Kindern, die keinen Platz in einer Sonderschule für Behinderte finden, weil es zu wenig Schulen und zu wenig Lehrer gibt.

Wie viele Schüler im Jahre 1975 die Schulen in der Bundesrepublik besuchen werden, kann heute niemand mit einer auch nur ungefähren Genauigkeit angeben. Diese Tatsache ist begründet in der mangelhaften Früherfassung. Statistiken weisen aus, daß die Bundesrepublik erst ab dem 8. Lebensjahr alle Kinder hundertprozentig schulisch erfaßt, während dies beispielsweise in der Schweiz schon ab dem 5. Lebensjahr der Fall ist. Während die Kultusministerkonferenz – errechnet durch eine beauftragte Arbeitsgruppe – mit einer Zahl von zwölf Millionen Schülern rechnet, kommt die Bund-Länder-Kommission für Bildungsplanung ebenfalls durch eine Arbeitsgruppe auf 12,3 Millionen und das Bundesministerium für Bildung und Wissenschaft auf 13,8 Millionen Schüler für das Jahr 1975. Dies aber, obwohl die Kinder, die 1975 die Schulbänke drükken werden, bereits geboren sind.

Wenn keine genauen Zahlen vorliegen, kann nicht geplant werden. Und wenn nicht geplant wird, gibt es Situationen wie die jetzige auf dem Schulsektor im allgemeinen und dem Sektor des Sonderschulwesens im besonderen. Da aber auf 100 000 Schüler 3500 Lehrer gerechnet werden, läßt sich leicht ausrechnen, welches Chaos in den nächsten Jahren entstehen wird.

Schon für die gesunden Schulkinder liegen also keine genauen Zahlen vor. Noch nachlässiger aber wird die Erfassung der behinderten Kinder gehandhabt: Während amtliche Stellen die Zahl der behinderten Kinder in der Bundesrepublik mit 104 000 lächerlich niedrig angeben, kommt der Marburger Sonderschulpädagoge Helmut von Bracken auf 642 500, und die »Forschungsstelle für Soziale Pädiatrie und Jugendmedizin« in München gibt sie mit rund einer Million an. Genaue Angaben über die Zahl der Behinderten oder der Rehabilitationseinrichtungen fehlen. Man ist auf Vermutungen und Schätzungen angewiesen.

Eine Schrift des Innenministeriums Baden-Württemberg aus dem Jahre 1971, »Die Behinderten in Baden-Württemberg«, gibt die Zahl der schulpflichtigen Behinderten mit 17 850 an, klammert aber eigenartigerweise die mit rund 80 Prozent aller Behinderten größte Gruppe der lernbehinderten und verhaltensgestörten Kinder und Jugendlichen aus. Das Mitteilungsblatt des baden-württembergischen Landesverbandes der Sonderschulen nennt im Juniheft 1970 die Zahl der Sonderschüler in Baden-Württemberg (am 15. Oktober 1969) mit 32 605. Das Statistische Landesamt gibt im Januar 1973 die Zahl für 1971/72 mit 51 000 in 410 öffentlichen Sonderschulen an. Während das Innenministerium die Schülerzahl im Jahre 1980 auf 14 340 schätzt, belaufen sich die Schätzungen des Verbandes auf 65 420. Ähnliche Differenzen gibt es in den Statistiken aller anderen Bundesländer. Genaue Zahlen liegen nirgendwo vor.

Da bei den Behinderten weit größere Probleme der Einschulung bestehen als bei normalen Kindern und davon ausgegangen werden kann, daß in vielen Fällen behinderte Kinder erst vom 9. oder 10. Lebensjahr an in eine gezielte Förderung kommen, sind die Folgen hier katastrophal: durch die Fehlerziehung im Elternhaus – weil Eltern häufig überfordert sind, eine adäquate Erziehung zu bieten – sind in diesem Alter meist schon Fixierungen psychischer Natur festgelegt und treten Verhaltensanomalien auf, die kaum noch korrigierbar sind.

Die unvollkommene Erfassung – verschuldet durch den Staat – ist eine der Ursachen der fehlenden Schulen und vorschulischen Einrichtungen, der fehlenden Lehrkräfte, Sozial- und Heilpädagogen und der fehlenden Beschützenden Werkstätten. Eine nur auf zudem noch ungenauen Schätzungen statt auf genau und exakt ermittelten Zahlen aufgebaute Bedarfsliste muß logischerweise falsch und fehlerhaft sein. In Baden-Württemberg müßte nach Angaben des Innenministeriums die Zahl der Sonderschulen für Bildungsschwache nahezu verdoppelt werden, fehlen 40 Prozent der Plätze für geistig behinderte Kinder, fehlen 3025 Plätze in den Beschützenden Werkstätten und steht den vorhandenen 942 Plätzen für geistig- und körperbehinderte Kinder in Sonderkindertagesstätten und Sonderschulkindergärten ein Bedarf von 4141 Plätzen gegenüber. Da die Behörden aber auch in Baden-Württemberg von falschen Zahlen ausgehen, ist der wirkliche Bedarf noch wesentlich höher.
Die immense Bedeutung der Früherfassung und Frühbehandlung ist bei den Behörden bekannt. Die »Empfehlung zur Ordnung des Sonderschulwesens« sagt hierüber: »Je früher ein behindertes Kind sonderpädagogisch betreut wird, desto sicherer kann festgestellt werden, auf welche Weise es am besten gefördert werden kann und welcher Bildungsweg ihm angemessen ist. Durch eine intensive Aufklärung sollen die Eltern gewonnen werden, ihr behindertes Kind rechtzeitig zu melden. Durch Frühbetreuung wird auch Fehlentwicklungen entgegengewirkt. Außerdem wird in einigen Fällen erreicht, daß die Kinder anschließend in die allgemeine Schule aufgenommen werden können.«
Demgegenüber kommt das Innenministerium Baden-Württemberg zu der Erkenntnis: »Die Behinderten sind heute nach Zahl und Art der Behinderung noch nirgends genau erfaßt. Durch das Zweite Gesetz zur Änderung des BSHG vom 14. August 1969 ist jedoch die seit langem geforderte Meldepflicht für Behinderte eingeführt worden. Vorgeschrieben ist allerdings nur eine zahlenmäßige, nicht eine

namentliche Meldung. Ob diese eingeschränkte Meldepflicht in absehbarer Zeit ausreichendes und geeignetes Zahlenmaterial ergeben wird, bleibt abzuwarten. Zuverlässigere Erfassungszahlen werden jedenfalls dann vorliegen, wenn die notwendigen diagnostischen und therapeutischen Einrichtungen in ausreichendem Maße bereitstehen.«

Das Innenministerium gibt also zu, daß die Art und Weise der Erfassung ungenügend ist. Und es gesteht ein, daß die »notwendigen Einrichtungen« nicht in ausreichendem Maße bereitstehen. Es heißt in der Schrift des Innenministeriums weiter:

»Auch ist zu hoffen, daß die im baden-württembergischen Schulverwaltungsgesetz erstmalig eingeführte Schulpflicht für Bildungsschwache (Personen mit einem stärkeren Grad geistiger Schwäche, § 39 Abs. 1 Nr. 5 BSHG) nicht nur zu einer zahlenmäßigen, sondern auch zu einer namentlichen Erfassung dieser Behinderten, soweit sie schulpflichtigen Altersjahrgängen angehören, führen wird.«

Mit anderen Worten »hofft« das Ministerium, ohne entsprechende Voraussetzungen eine wirkliche Früherfassung geschaffen zu haben. In fast allen Ländern der Bundesrepublik aber – vielleicht ausgenommen die Stadt-Staaten Bremen und Hamburg – werden die Notwendigkeiten auf dem gesamten Bildungssektor ignoriert. Der dringendst erforderlichen Schaffung von Ausbildungsplätzen an den Pädagogischen Hochschulen der Länder und den Fachhochschulen wird nicht Rechnung getragen.

Auch der folgende Punkt der »Empfehlung« bleibt unbefriedigend:

»Für Kinder, die noch nicht schulpflichtig sind und bei denen zu erwarten ist, daß sie später eine Sonderschule besuchen werden, sind entsprechende sonderpädagogische Einrichtungen zu schaffen. Um den Kindern die natürliche Gemeinschaft mit ihren nichtbehinderten Altersgenossen zu erhalten, können diese Einrichtungen in enger

Verbindung mit den allgemeinen Kindergärten stehen. Wenn die Art der Behinderung es erfordert, ist die Mitarbeit des Fachpädagogen sicherzustellen. Soweit sonderpädagogische Einrichtungen für noch nicht schulpflichtige Kinder an Sonderschulen geführt werden, unterstehen sie den Leitern der betreffenden Sonderschulen. Schulpflichtige Kinder, die noch nicht schulfähig sind, bei denen aber eine Einschulung in Sonderschulen zu erwarten ist, besuchen Sonderschulkindergärten oder Vorklassen an Sonderschulen.«

Während einerseits zugegeben wird, daß eine Früherfassung nicht geschieht, spricht man andererseits von Sonderschulkindergärten und Vorschulklassen, deren Besuch dann Zufall ist. Die aktiven Eltern, die sich bemühen, werden ihre Kinder dort unterbringen können (soweit solche Einrichtungen überhaupt bestehen), die übrigen Kinder bleiben benachteiligt.

Es fehlt aber in der Bundesrepublik nicht nur an Geld für Schulen und vorschulische Einrichtungen und für die Ausbildung der Lehrkräfte, es fehlt – und dies muß in aller Deutlichkeit gesagt werden – häufig auch an der Absicht, es für diese Kinder auszugeben. Beispielsweise enthält in Baden-Württemberg der Haushaltsentwurf für das Jahr 1973 nur noch 14 statt bisher 20 Millionen DM für die Behindertenhilfe. Dies, obwohl nach einer Zusammenstellung der Deutschen Vereinigung für Rehabilitation Behinderter e. V. in der Bundesrepublik von etwa 480 000 Kinder, die in einer Sonderschule gefördert werden müßten, nur 280 000 eine solche Schule besuchen. Das heißt, daß knapp die Hälfte der sonderschulbedürftigen Kinder nicht angemessen unterrichtet werden kann. In einer Leistungsgesellschaft wie in der Bundesrepublik, die derart auf meßbare Ergebnisse abgestellt ist, läuft zwangsläufig die Förderung behinderter – sprich: nicht leistungsfähiger – Menschen nebenher.

Zwar versucht man, durch die Einführung der Vorsorgeuntersuchung für Kleinkinder, deren Kosten durch die Krankenkassen übernommen werden, die Situation zu entschärfen, doch kommt man an den Fragen nicht vorbei, ob

1. überhaupt der größte Teil der Mütter von dieser Möglichkeit Gebrauch macht, und
2. was weit wichtiger ist, die Ärzte überhaupt in der Lage sind, die erforderlichen Untersuchungen durchzuführen, ob sie über die notwendigen Apparaturen und die Spezialkenntnisse verfügen, um beispielsweise auch eine nicht auffällige Hirnschädigung in ihren Symptomen zu diagnostizieren.

Die zweifellos positiv zu wertende Möglichkeit der Vorsorgeuntersuchung kann die bestehende Situation der behinderten Kinder in absehbarer Zeit nicht verändern und bietet auch keine Ansätze in den nächsten Jahren. Die Intoleranz großer Teile der Bevölkerung, Voreingenommenheit und Ablehnung tun ein übriges, geistig und körperlich Behinderte zu einer diskriminierten Minderheit in unserer Gesellschaft werden zu lassen.
Bundessozialminister Arendt sagte nach sieben Monaten Amtszeit, »daß fehlende Rehabilitationseinrichtungen, Vorurteile, Unkenntnis und Gleichgültigkeit, nicht ausreichend vorhandene oder nur unzulänglich ausgebildete Fachkräfte, nicht genügend informierte Ärzte und manche Unzulänglichkeiten in Gesetzgebung und Verwaltung dazu führen, daß vielen Behinderten die möglichen Hilfen nicht oder nicht rechtzeitig gewährt werden«. Die »Empfehlung zur Ordnung des Sonderschulwesens« aber geht von einer heilen Schulwelt aus, während die Sonderschule in Wirklichkeit unter Fehlern, Versäumnissen und fehlendem guten Willen leidet, die die Gesellschaft später, wenn die unmündig gebliebenen Behinderten ein Leben lang unterstützt werden müssen, mit ungeheuren Summen bezahlt. Von der Verpflichtung der Gesellschaft, auch den schwachen Mitgliedern humane Lebensbedingungen zu schaffen, ganz zu schweigen.

3. Die rechtlichen Grundlagen des Sonderschulwesens

In den vergangenen Jahren wurden zahlreiche Gesetze erlassen, die sich mit Fragen der Betreuung und Eingliederung Behinderter befassen. Sie alle setzen sich mehr oder weniger zum Ziel, dem Behinderten eine umfassende, gerechte und zügige Eingliederung zu ermöglichen.
Die wesentliche Grundlage der Hilfe für Behinderte bilden das Bundessozialhilfegesetz und die dazu ergangenen Durchführungsverordnungen. In einem besonderen Unterabschnitt »Eingliederungshilfe für Behinderte« sind die wichtigsten Bestimmungen zusammengefaßt.
Paragraph 39 des Bundessozialhilfegesetzes besagt: »Eingliederungshilfe für Behinderte ist zu gewähren

1. Körperbehinderten oder von einer Körperbehinderung bedrohten Personen,
2. Blinden, von Blindheit bedrohten oder nicht nur vorübergehend wesentlich sehbehinderten Personen,
3. Personen, die durch eine Beeinträchtigung der Hörfähigkeit nicht nur vorübergehend wesentlich behindert oder von einer solchen Behinderung bedroht sind,
4. Personen, die durch eine Beeinträchtigung der Sprachfähigkeit nicht nur vorübergehend wesentlich behindert oder von einer solchen Behinderung bedroht sind,
5. Personen, die durch Schwäche ihrer geistigen Kräfte wesentlich behindert oder von einer solchen Behinderung bedroht sind,
6. Personen, die seelisch wesentlich behindert sind.

Körperbehinderte im Sinne des Satzes 1 Nr. 1 sind Personen, die in ihrer Bewegungsfähigkeit durch eine Beeinträchtigung ihres

Stütz- oder Bewegungssystems nicht nur vorübergehend wesentlich behindert sind oder bei denen wesentliche Spaltbildungen des Gesichts oder des Rumpfes bestehen.

Anderen Personen mit einer körperlichen, geistigen oder seelischen Behinderung kann Eingliederungshilfe gewährt werden.
Aufgabe der Eingliederungshilfe ist es, eine drohende Behinderung zu verhüten oder eine vorhandene Behinderung oder deren Folgen zu beseitigen oder zu mildern und dabei dem Behinderten die Teilnahme am Leben in der Gemeinschaft zu ermöglichen oder zu erleichtern. Hierzu gehört vor allem, dem Behinderten die Ausübung eines angemessenen Berufs oder einer sonstigen angemessenen Tätigkeit zu ermöglichen oder ihn wenigstens unabhängig von Pflege zu machen.«
Über »Maßnahmen der Hilfe« sagt der § 40 BSHG u. a.:

»3. Hilfe zu einer angemessenen Schulbildung, vor allem im Rahmen der allgemeinen Schulpflicht und durch Hilfe zum Besuch weiterführender Schulen; die Bestimmungen über die Ermöglichung der Schulbildung im Rahmen der allgemeinen Schulpflicht bleiben unberührt,
4. Hilfe zur Ausbildung für einen angemessenen Beruf oder für eine sonstige angemessene Tätigkeit,
5. Hilfe zur Fortbildung im früheren oder einem diesem verwandten Beruf oder zur Umschulung für einen angemessenen Beruf oder eine sonstige angemessene Tätigkeit; Hilfe kann auch zum Aufstieg im Berufsleben gewährt werden, wenn die Besonderheit des Einzelfalls dies rechtfertigt,
6. Hilfe zur Erlangung eines geeigneten Platzes im Arbeitsleben ...

Behinderten, bei denen wegen der Schwere ihrer Behinderung arbeits- und berufsfördernde Maßnahmen nach Absatz 1 nicht möglich sind, soll nach Möglichkeit Gelegenheit zur Ausübung einer der Behinderung entsprechenden Tätigkeit gegeben werden.«

In Baden-Württemberg wurde durch das »Gesetz zur Vereinheitlichung und Ordnung des Schulwesens« (Schulverwaltungsgesetz) der Kultusverwaltung auch die Aufgabe gestellt, das Sonderschulwesen des Landes in umfassender Weise auf- und auszubauen. Das bedeutet, daß die Schulen für Sinnesgeschädigte sowohl hinsichtlich ihrer Kapazität zu erweitern als auch Maßnahmen zu treffen sind, die die Arbeit dieser Sonderschulen weiter verbessern. Vor allem aber ist vorgesehen, für alle übrigen Gruppen behinderter Kinder und Jugendlicher, die bisher keiner Schulpflicht unterlagen, besonders für Bildungsschwache und Körperbehinderte neue Sonderschultypen einzurichten.
Außerdem sollen für schulpflichtige, aber noch nicht schulreife und für die Kinder, von denen angenommen wird, daß sie in Zukunft Sonderschulen besuchen müssen und förderungsbedürftig sind, Sonderschulkindergärten eingerichtet werden. Damit soll der Erkenntnis Rechnung getragen werden, daß sich eine entsprechende Früherziehung und Frühbehandlung bei Behinderten in jeder Weise positiv auf die spätere Schul- und Ausbildungszeit auswirkt.
Andererseits muß auch die Berufsausbildung entsprechend gefördert werden. Dazu sind Sonderberufsschulen einzurichten. Das Schulverwaltungsgesetz hat die Spezialgesetze für Sonderschulen (das Hilfsschulgesetz und das Gesetz über den Unterricht und die Erziehung Hör-, Sprach- und Sehgeschädigter) abgelöst und dadurch das Sonderschulwesen in allen seinen Organisationsformen gleichrangig neben die anderen Schularten gestellt.
Über »Aufbau und Ziel der Schularten« ist in § 4 Absatz 9 SchVOG festgelegt, daß die Sonderschule der Erziehung und Ausbildung von Kindern und Jugendlichen dient, »die bildungsfähig sind, aber infolge körperlicher, geistiger, seelischer oder sittlicher Besonderheiten in den allgemeinen Schulen nicht die ihnen zukommende Erziehung und Ausbildung erfahren können.« Wichtig ist aber vor allen Dingen, daß nach § 3 die Sonderschulen als wichtiger Zweig des Schul-

wesens voll integriert und als gleichzuachtend mit anderen Schulen aufgeführt werden.

Als Hinweise notiert das Amtsblatt des baden-württembergischen Kultusministeriums »Kultus und Unterricht« vom 10. Juli 1970: »Bildungsschwache Kinder und Jugendliche weisen starke Störungen der Gesamtpersönlichkeit auf. Sie sind insbesondere intellektuell schwerer geschädigt als die lernbehinderten Kinder und Jugendlichen. Bei einer testpsychologischen Untersuchung ergeben sich in der Regel Intelligenzquotienten unter einem Wert von 0,55 bis 0,60. Daneben zeigen diese Kinder und Jugendlichen häufig erhebliche Störungen in der Arbeitshaltung, massive Aufmerksamkeits- und Konzentrationsschwächen, eine stark verzögerte Sprachentwicklung sowie Störungen und Schwächen in der Körpermotorik. Auch die soziale Anpassung ist häufig mehr oder weniger stark beeinträchtigt.«

Allerdings sollen ausgesprochen schwere Fälle nicht in die Sonderschule für Praktisch Bildbare (geistig Behinderte) aufgenommen werden. Hierzu heißt es: »In die Sonderschule für bildungsschwache Kinder und Jugendliche sind jedoch nicht die extrem geschädigten Kinder und Jugendliche aufzunehmen, die auch in kleinen Gruppen nicht gemeinschaftsfähig werden können und die auch keine Ansatzmöglichkeiten für eine einfachste Bildung besitzen. Diese sind nach Feststellung der Schulaufsichtsbehörde wegen Bildungsunfähigkeit von der Schulpflicht befreit (§ 41 Abs. 3 SchVOG). Wurden sie trotzdem in eine Sonderschule aufgenommen, erklärt die Schulaufsichtsbehörde die Pflicht zum Besuch der Sonderschule für beendet, weil sie sich als nicht mehr bildungsfähig erweisen (§ 50 Nr. 4 Buchst. b SchVOG). Sie bedürfen einer Betreuung in Sondereinrichtungen wie z. B. in Pflegeheimen oder im Elternhaus.«

Hier macht es sich der Staat zu leicht, wenn er sagt, diese Kinder bedürften einer Betreuung in Pflegeheimen. Die Wartezeiten für

Heimkinder betragen zur Zeit »Jahre« (wie in Mariaberg) oder »zwischen 6 und 10 Jahren« (wie in Stetten). In anderen Pflegeheimen wird die Situation nicht wesentlich anders sein. Der Staat erläßt Gesetze für Kinder und Jugendliche, die noch bildbar sind. Die übrigen haben das Nachsehen und bleiben auf der Strecke, wenn nicht die Eltern wohl oder übel und zwangsweise – weil eine andere Möglichkeit sich nicht bietet – die Kinder im Haushalt behalten und hierfür immense Opfer an Zeit, Geld und Gesundheit bringen, ohne dem Kind zielgerichtet helfen zu können.
Auch in den übrigen Bundesländern gibt es entsprechende Gesetze und Bestimmungen, wie z. B. die »Vorläufigen Richtlinien für die Arbeit in der Schule für Praktisch Bildbare (Sonderschule)« des Landes Hessen (Erlaß vom 26. 5. 1972 – E I 6 – 124/703 – 66), die feststellen: »Die Schule für Praktisch Bildbare ermöglicht das Recht auf Bildung denjenigen Schulpflichtigen, die vor allem wegen ihrer geistigen Behinderung in anderen Schulen nicht oder nicht hinreichend gefördert werden können. Sie hebt sich in Aufbau, Arbeitsweise und Inhalt deutlich von den übrigen Schulen ab und ist der Ort, an dem der praktisch bildbare Schüler seiner Persönlichkeit entsprechend unterrichtet wird. Damit bereitet sie ihn vor, seinen ihm eigenen Platz im Leben zu finden. Sie darf sich in diesen Bemühungen nicht allein von irgendeinem Nutzwert bestimmen lassen. In der Schule für Praktisch Bildbare muß darauf verzichtet werden, auf herkömmliche Weise zu unterrichten und zu erziehen.«
In den »Richtlinien« heißt es über die Schüler: »Persönlichkeit und Leistungsvermögen sind bei praktisch bildbaren Schülern durch besondere Formen der Entwicklung gekennzeichnet. Diese Eigenart der Persönlichkeit und des Leistungsvermögens hindert sie daran, sich ohne Schutz und Hilfe mit ihrer Umwelt auseinanderzusetzen. Die gestörte Entwicklung und die geschädigte Persönlichkeit der Praktisch Bildbaren wird erkennbar im äußeren Erscheinungsbild

(z. B. in Stütz- und Bewegungsfunktionen), im allgemeinen Verhalten, im Bereich der Sprache, bei den Sinnesfunktionen, im Spiel, beim Lernen und bei der Arbeit. Die Beurteilung der Schulfähigkeit darf nicht davon beeinflußt werden, daß der Schulweg in den meisten Fällen zunächst nur mit besonderen Hilfen bewältigt werden kann.«

Was aber nützen Gesetze, Bestimmungen und Paragraphen, wenn die finanziellen Voraussetzungen zu ihrer Verwirklichung fehlen und wenn darüber hinaus die Gesellschaft sich so ablehnend verhält, wie sie es bis heute noch tut. In Berlin-Charlottenburg haben 1971 die 40jährige Alexandra Sch., ihre zehnjährige Tochter Kyra und die 70jährige Großmutter Selbstmord begangen, weil das Kind in eine Sonderschule eingewiesen werden sollte. Dieser Fall zeigt deutlich, welches Ansehen Sonderschulen und ihre Besucher genießen: Sie gelten bei großen Teilen der Bevölkerung nach wie vor als »Irrenkollegs« und »Idiotenpennen«.

Sonderschulen dienen der Bildung jener Kinder und Jugendlichen, die von Geburt her, durch Krankheit oder besonders schwerwiegende Entwicklungsstörungen körperlich, geistig oder seelisch geschädigt sind, so jedenfalls formulierte es Hessens Kultusminister Ludwig von Friedeburg. Vorbildliche Sonderschulen aber sind selten. Häufig werden alte Schulbauten aus der Jahrhundertwende für Sonderschulen »eingerichtet«, wenn für die bisherigen Grund- oder Hauptschüler neue Schulgebäude gebaut und bezogen wurden. Wie eine Sonderschule sein müßte, die eine wirkliche Chancengleichheit für alle Bürger und das Recht des einzelnen auf volle Entfaltung seiner Fähigkeiten ermöglichen könnte, zeigt das Beispiel der Kreissonderschule in Lohhof in der Gemeinde Unterschleißheim bei München:

Die Schule wurde mit Lehr- und Lernmitteln nach dem derzeitig neuesten Stand der Forschung in der Sonderpädagogik und Lernpsychologie ausgestattet: Fernsehzentrale mit Monitoren, Sende-

und Empfangsmöglichkeit von und zu jedem Klassenzimmer, Fernsehkamera in jedem Klassenraum, bewegliche Kameras für Innen- und Außenaufnahmen, Aufzeichnungsgeräte und Archiv. Weiter verfügt jede Klasse über einen Tageslichtprojektor, einen Kleinbildwerfer, ein Rundfunk- und Tonbandgerät. Das Lernstudio entspricht exakt einem Sprachlabor. Ein Fotolabor ist ebenfalls eingerichtet.

Rektor Fischer sagt, daß seine Schule mit dieser für Bayern einmaligen Einrichtung (und vielleicht auch für die Bundesrepublik) ausgezeichnete Möglichkeiten habe, das Verhalten der Schüler zu beobachten und daraus wichtige psychologische Schlüsse zu ziehen. Man könne besser als früher auf den einzelnen Schüler eingehen.

Auch das Schulgebäude weist Besonderheiten auf: während allgemein Schulen – auch Sonderschulen – von Architekten geplant und von Stadtverwaltungen gebaut werden, wurde das Schulhaus in Lohhof in Zusammenarbeit zwischen Architekten und Lehrern geplant. Das Ergebnis: die Schule ist keine Zuchtanstalt im Kasernenstil, sondern eine praxisbezogene Schule, eine Schule mit Wohncharakter. Ähnlich wurde in Tübingen geplant. Doch diese Schulen sind Ausnahmen. In Böblingen und den meisten anderen Städten werden die Erfahrungen der Pädagogen und Psychologen nicht berücksichtigt, wird vom grünen Tisch aus geplant und ohne Berücksichtigung der Interessen der behinderten Kinder gebaut.

Über Lehrer und Erzieher heißt es in den hessischen »Richtlinien«: »In der Schule für Praktisch Bildbare unterrichten und erziehen Sonderschullehrer und Sozialpädagogen (Jugendleiter). Sozialpädagogen können als Gruppenleiter (Klassenlehrer) in der Aufnahme- und Beobachtungsstufe sowie in der Grundstufe eingesetzt werden. Weitere Mitarbeiter können sein: Erzieher, Kindergärtner, Krankengymnasten, Rhythmiklehrer, Beschäftigungstherapeuten, Logopäden und Krankenschwestern. Aufgabe der Erzieher ist es, die Gruppenleiter (Klassenlehrer) in der Erziehungs- und Unterrichtsarbeit zu unterstützen. Sie führen mit ihnen gemeinsame Vorhaben in der Stufe, in der Gruppe oder mit dem einzelnen Kind durch. Im Auftrage des Schulleiters übernimmt der Erzieher selbständig Erziehungsaufgaben in der Gruppe oder am einzelnen Kind. Voraussetzung für die Tätigkeit an der Schule für Praktisch Bildbare ist eine sonderpädagogische Zusatzausbildung.«

Auch hier heißt es »können sein«, nicht aber »müssen sein«. Es gibt kaum Sonderschulen, an denen der Mitarbeiterstab so komplett ist, wie er sein müßte. In den wenigsten Sonderschulen – abgesehen von den wenigen Schulen für Körperbehinderte, Gehörlose und Blinde – stehen Krankengymnasten, Rhythmiklehrer, Beschäftigungstherapeuten, Logopäden und Krankenschwestern zur Verfügung. Es fehlt an entsprechendem Personal, es fehlt an den finanziellen Mitteln, und es fehlen überall ausgebildete Sonderschullehrer.

Die Mitglieder des Arbeitsausschusses Schule und Erziehung in der Deutschen Vereinigung für die Rehabilitation Behinderter haben eine Dokumentation zusammengestellt, aus der vorhandene und unbedingt erforderliche Einrichtungen der verschiedenen Sparten zu ersehen sind. Die Situation ist deprimierend:

Schulen für Blinde und Sehbehinderte (Gesamtzahl 1250 + 6250 = 0,12 Prozent der Schulpflichtigen, davon in Sonderschulen erfaßt 2436): Früherfassung und Beratung ist so früh wie möglich erforderlich, Sonderkindergärten fehlen jedoch ebenso wie Sonderschulkindergärten, die zum Teil im Aufbau, zum anderen Teil nicht genehmigt wurden. Ganztagsschulen für Sehbehinderte sind dringend erforderlich. Internatsschulen sind vorhanden, für Sehbehinderte nur in vier Bundesländern. An weiterführenden Schulen gibt es einige Gymnasien und Realschulen für Blinde, Realschulzüge für Sehbehinderte jedoch nur in drei Bundesländern. Berufsgrundschulen für Sehbehinderte sind erforderlich, während es für Blinde Berufsfachschulen für Büroberufe und handwerklich-technische

Berufe gibt. Die Basis für mögliche Berufe muß allerdings erweitert werden. Und schließlich und endlich fehlen auch Werkstätten für blinde Behinderte.

Schulen für Gehörlose und Schwerhörige (Gesamtzahl 5000 + 9350 behandlungsbedürftige Schüler = 0,25 Prozent der Schulpflichtigen, davon in Sonderschulen erfaßt 5171): Früherfassung gibt es praktisch nur in den Stadtstaaten. Gerade bei Schwerhörigen ist sie dringend erforderlich, da nur auf diesem Wege eine Haussprachbetreuung möglich ist. Sonderschulkindergärten existieren nur zum Teil als Vorklassen, sind aber dringend erforderlich. Tagesheimschulen oder Ganztagsschulen gibt es ebenfalls nur in den Stadtstaaten. Internatsschulen fehlen, ihr weiterer Ausbau ist notwendig. An weiterführenden Schulen werden eine Realschule pro Bundesland und drei Gymnasien für die Bundesrepublik benötigt, während der weitere Ausbau der Berufsschulen ebenfalls auf sich warten läßt.

Schulen für Geistigbehinderte (Gesamtzahl 31 200 = 0,6 Prozent der Schulpflichtigen, davon in Sonderschulen erfaßt rund 10 000): Sonderkindergärten für diese Gruppe sind bis jetzt nur vereinzelt vorhanden. Tagesheim- bzw. Ganztagsschulen sind für diese Gruppe der Behinderten die Idealform, fehlen aber noch zum großen Teil und sind teilweise erst im Aufbau. Auch Internatsschulen sind nicht ausreichend vorhanden. Einrichtungen für Mehrfachbehinderte wie auch Werkstätten für Behinderte gibt es, aber keinesfalls in ausreichender Zahl.

Schulen für Gemeinschaftsschwierige (Gesamtzahl 62 500 = 1,0 Prozent der Schulpflichtigen, davon in Sonderschulen erfaßt rund 700): Auch hier werden Tagesheimschulen und Ganztagsschulen benötigt, um die Schüler besser bewahren und fördern zu können. Der Ausbau der bestehenden Einrichtungen ist notwendig. An den Berufsschulen sind Sonderklassen erforderlich.

Schulen für Körperbehinderte (Gesamtzahl 15 600 = 0,25 Prozent der Schulpflichtigen, davon in Sonderschulen erfaßt rund 6000): Sonderkindergärten sind bis jetzt nur vereinzelt vorhanden. Bei diesem Kreis wäre es erforderlich, das Schulpflichtalter auf das 4. bis 5. Lebensjahr vorzuverlegen. Sonderschulkindergärten wurden nur in wenigen Bundesländern genehmigt. Die Gründe einer Versagung waren nicht zu erfahren. An Tagesheim- bzw. Ganztagsschulen existieren in der gesamten Bundesrepublik erst 60, an Internatsschulen 29. Der Ausbau weiterführender Schulen ist dringend erforderlich, ebenso die Schaffung eines zentralen Gymnasiums für Mehrfachbehinderte. Einrichtungen für Mehrfachbehinderte und Werkstätten für Behinderte sind nur in Ansätzen vorhanden, vor allem aber überregional dringendst erforderlich.

Schulen für Kranke (Langlieger) (Gesamtzahl 4376 = 0,07 Prozent der Schulpflichtigen, davon in Sonderschulen erfaßt rund 300): Hier gibt es einige weiterführende Schulen an verschiedenen Kliniken, doch fehlen dringend nebenamtliche Gymnasiallehrer. Auch die Betreuung berufsschulpflichtiger Patienten läßt sehr zu wünschen übrig.

Schulen für Lernbehinderte (Gesamtzahl rund 250 000 = 4 Prozent der Schulpflichtigen, davon in Sonderschulen erfaßt 215 795): Sonderkindergärten und Sonderschulkindergärten sind nur vereinzelt vorhanden, für eine entsprechende Frühbehandlung aber dringend erforderlich. Auch Tagesheim- und Ganztagsschulen existieren nur vereinzelt. Internatsschulen gibt es meist nur als Privatschulen (und sind damit dem größten Teil der meist sozial Schwachen verschlossen). Berufsschulsonderklassen sind dringendst notwendig, fehlen aber noch weitgehend. Für diese Gruppe wird seit langem das 10. Vollzeit-Schuljahr gefordert.

Schulen für Sprachbehinderte (Gesamtzahl rund 93 700 = 1,5 Prozent der Schulpflichtigen, davon in Sonderschulen erfaßt 4500): Für diese Gruppe sind Sonderkindergärten nur vereinzelt vorhanden. Die Behandlung erfolgt meist ambulant. Sonderschulkindergärten fehlen in einigen Bundesländern völlig. Tagesheim- bzw. Ganztagsschulen sind dringend erforderlich, um therapeutische Maßnahmen ausreichend durchführen zu können. Internatsschulen existieren nur in einigen Bundesländern. Weiterführende Schulen fehlen als überregionale Einrichtungen völlig, sind zum Teil nur in einigen Großstädten vorhanden.

Aus der Gegenüberstellung der Gesamtzahl von 479 285 behandlungsbedürftigen Kindern (die auch nur geschätzt ist und keinen Anspruch auf Vollständigkeit erhebt) und der von 247 662 in Sonderschuleinrichtungen erfaßten Kindern wird die Diskrepanz zwischen Angestrebtem und Erreichtem deutlich. Mit Gesetzen und Bestimmungen und einem vorgeblich guten Willen ist diese gewaltige Lücke nicht zu schließen.
Es ist allerdings äußerst schwierig, die Situation überhaupt auch nur einigermaßen genau darzulegen, da Unterlagen, Statistiken, Vergleichsmöglichkeiten völlig fehlen. Anfragen an die Fachreferate des Verbandes der Sonderschulen wurden zum Teil überhaupt nicht, zum Teil nur unzureichend beantwortet; Material schickte kaum einer. Es gibt auch keine Vergleichsmöglichkeiten, hieß es. Auch über den Vorsitzenden des Verbandes, beschäftigt beim Kultusministerium Baden-Württemberg, war nichts zu erhalten: »Wir müßten das Material in wochenlanger Arbeit zusammenstellen«, hieß es, und »ein Archiv mit einer Sammlung von Veröffentlichungen etc. gibt es nicht.«
Der Verband der Sonderschulen interpretiert sich als ein Organisationsinstrument, durch das die in den verschiedenen Sonderschulbereichen auftretenden Schwierigkeiten in bezug auf die Probleme,

die für Lernbehinderte, Körperbehinderte oder die übrigen Behindertengruppen auftreten, gesammelt und behoben werden sollen. Die einzelnen Fachreferenten wollen versuchen, eine Informationsübersicht über die Gesamtsituation in den verschiedenen Bundesländern zu bekommen. Dieses Wissen soll eingebracht werden in den Bundesausschuß, von dem aus die eigentliche Arbeit betrieben wird. Genau das aber erfolgt – so zeigt es die Erfahrung – nicht.

Ein Gesamtbild der Sonderschul-Situation in den einzelnen Ländern oder im Vergleich zueinander zu bekommen war unmöglich. Zweifellos gibt es ein Gefälle zwischen den einzelnen Bundesländern. Und ebenso sicher stößt man auf gegensätzliche Auffassungen zwischen SPD- und CDU-regierten Ländern. Im Augenblick aber haben die von den Oppositionsparteien regierten Länder das bessere Konzept für die Behindertenarbeit, während in den SPD-regierten Ländern das Gesamtschulprojekt als liebstes Kind und vor allem als politisch attraktivstes Kind gehätschelt wird. In diesen Ländern werden häufig die berechtigten Anliegen der Behinderten, nämlich die Integration in die Welt der Nichtbehinderten, außer acht gelassen. Hier wird politisch argumentiert und bleiben sonderpädagogische Probleme unberücksichtigt.

Gute Arbeit wird in Hannover bei den Körperbehinderten geleistet. In Köln laufen einige gute Projekte, bei denen Prof. Kluge von der Universität mitwirkt, hier speziell in bezug auf die Heimproblematik und die Kriminalität bei Lernbehinderten. Eine vorbildliche Schule ist die Albert-Griesinger-Schule in Frankfurt am Main, besonders im Hinblick auf die Arbeit mit geistig Behinderten. Einen ähnlich guten Ruf hat die Schule in Gießen, bei der – im Gegensatz zu Frankfurt – das religiöse Moment keine Rolle spielt. Auch die Hamburger Schulen für Praktisch Bildbare, die sehr eng koordiniert sind mit der Lebenshilfe, zeigen sehr positive Ansätze. Hier wurden die Empfehlungen weitgehend verwirklicht: die Klassenlehrer haben meist einen Assistenten, für mehrere Klassen eine Krankenschwester, und es sind Psychologen und Heilpraktiker tätig. Die Schwierigkeiten in einer Pubertätskrise, wenn Kinder auf neue Medikamente eingestellt werden, wenn Verhaltensschwierigkeiten auftreten oder einfach individuelle Hilfe nötig ist, lassen sich hier besser kompensieren als in den meisten Schulen der Bundesrepublik, in denen das Betreuungspersonal fehlt.

4. Sonderschullehrer, Erzieher, betreuende Kräfte

Mindestens die Hälfte aller behinderten Kinder läßt sich nach Auffassung des deutschen Lehrerverbandes in das allgemeine Schulsystem eingliedern. Voraussetzung ist jedoch die Tätigkeit besonders ausgebildeter Behindertenlehrer an allen Schulen, auch Realschulen und Gymnasien. Der Lehrerverband legte 1972 hierzu den Entwurf eines völlig neuen Lehramts, das für »schulische Rehabilitation«, vor. Verbandspräsident Christians unterstrich, daß die berufliche Rehabilitation – und auch die Habilitation – bereits einen festen Platz in Praxis und Wissenschaft gefunden haben. Das Gebiet der schulischen Rehabilitation hingegen sei noch »weitgehend Neuland«.

Nach den Vorschlägen des Lehrerverbandes sollten an jeder Schule ein oder mehrere Behindertenlehrer arbeiten, deren Hauptaufgabe nicht nur im eigentlichen Unterricht gesehen wird, sondern vor allem auch als Berater der übrigen Lehrkräfte. Auf etwa 150 Schüler wird ein Behindertenlehrer für notwendig gehalten.

Das derzeitige System der Sonderschulen ist nach Angaben des Lehrerverbandes begrenzt auf den Bereich der Grund- und Hauptschulen. Wie dringend das Problem der weiterführenden Sonderschulen ist, unterstreicht der Hinweis, daß sich jetzt beispielsweise für die vielen Contergan-Kinder die Frage des Besuchs eines Gymnasiums stellt.

In der bereits zitierten »Empfehlung zur Ordnung des Sonderschulwesens« wurde eine Empfehlung zur Ausbildung der Sonderschullehrer nicht aufgenommen; sie soll im Einklang mit der grundsätzlichen Neuordnung der zukünftigen Lehrerbildung formuliert werden.

Die Zahl der Sonderschüler in Baden-Württemberg (in anderen

Bundesländern ist die Entwicklung ähnlich) hat sich in den letzten zwölf Jahren vervierfacht. Die Gründe für diese enorme Zunahme sieht der Stuttgarter Arbeitskreis der Elternbeiratsvorsitzenden der Sonderschulen für Lernbehinderte unter anderem darin, daß die Sonderschulen besonders schlecht mit Lehrkräften ausgestattet sind. Dadurch könne das Ziel dieser Schulen, die Rückführung möglichst vieler Sonderschüler in die Grund- und Hauptschulen, in vielen Fällen nicht erreicht werden. In großen Klassen sei es nicht möglich, dem einzelnen Schüler entsprechend viel Zeit zu widmen.

Der Arbeitskreis hat für den Raum Stuttgart allein einen Fehlbestand von 84 Lehrern an den Sonderschulen für Lernbehinderte errechnet. Das Kultusministerium gibt die Zahl mit 17 an. Die Zahl der Lehrer stieg in den zehn Jahren von 1960 bis 1970 von 6237 auf 16 764. Trotzdem: der Fehlbestand wächst mit der Zahl der Schulen und der Schüler.

So wichtig wie das Problem der Sonderschulgesetzgebung, so wichtig ist das Problem der Ausbildung der Sonderschullehrer, das heißt das Studium der Sonderpädagogik. Daß die Lehrer, die behinderte und geschädigte Kinder unterrichten, eine besondere Ausbildung benötigen, wurde früher erkannt als die Notwendigkeit einer besonderen Gesetzgebung. Der Weg bis zum Vollstudium (Beurlaubung zum Studium unter Weiterbezahlung der Gehaltsbezüge) allerdings währte lang. In Bayern wurde er jedoch bereits 1922 eingeführt. Während der Nazizeit war eine besondere Ausbildung der Hilfsschullehrer ausdrücklich verboten.

Anläßlich des Verbandstages des Verbandes der Sonderschulen wurde 1953 eine Entschließung angenommen mit folgenden Punkten:

1. Seit dem Bestehen der Sonderschule hat sich eine besondere Ausbildung als notwendig erwiesen als Voraussetzung und Grundlage für eine richtig fundierte pädagogisch-psychologische und methodisch heilpädagogische Arbeitsweise.

2. Den Bemühungen der Sonderschullehrerschaft ist es gelungen, in verschiedenen Bundesländern (z. B. Hamburg, Bayern, Niedersachsen, Rheinland-Pfalz, Baden-Württemberg) nahezu eine Vollausbildung zu erreichen.

3. Unter Vollausbildung verstehen wir eine akademische Ausbildung unter vollständiger Befreiung von einer Unterrichtsverpflichtung von mindestens vier Semestern, die in ihrem theoretisch-wissenschaftlichen Teil an einer Universität stattfinden sollte.

4. Diese 4-semestrige Ausbildung soll auf einer 6-semestrigen Ausbildung der Volksschullehrer aufbauen, nachdem der Anwärter die Arbeit an der Volksschule und an einer der Sonderschulen kennengelernt hat.

5. Von seiten der zulassenden Behörde ist der berufsethischen und menschlichen Eignung des Bewerbers besondere Beachtung zu widmen.

6. Eine Uniformierung der Ausbildungsarten in den einzelnen Ländern ist nicht anzustreben, hingegen eine einheitliche Ausbildung nach Zeit, Inhalt und Ziel.

7. Kurzausbildungen (Wochenendlehrgänge, Ferienkurse und dergleichen) sind für die Zukunft grundsätzlich abzulehnen.

8. Aus der Ausbildung resultiert die Forderung nach einer besonderen Fachaufsicht (Regierungsschulräte) für das Sonderschulwesen.

9. Für die Lehrerschaft an Sonderschulen sollte insofern die Möglichkeit einer Freizügigkeit bestehen, als

a) sie ihre Ausbildung an den jeweiligen Ausbildungseinrichtungen der einzelnen Bundesländer erlangen kann,

b) die Sonderschullehrerprüfung der einzelnen Bundesländer gegenseitig anerkannt wird,

c) die Lehrkräfte sich um jede Lehrer- und Leiterstelle an einer Sonderschule im Bundesgebiet bewerben können, für die sie eine Prüfung abgelegt haben.

Bis zur Verwirklichung dieser Forderungen in allen Bundesländern dauerte es fast zwanzig Jahre. Heute besteht allgemeine Klarheit darüber, daß für die Übernahme eines Lehramts an Sonderschulen besondere wissenschaftliche und methodisch-didaktische Kenntnisse Voraussetzung sind. Die erforderliche Vorbildung erhalten Lehrer beispielsweise Baden-Württembergs am Institut für Sonderpädagogik an der Pädagogischen Hochschule Reutlingen in Verbindung mit der Universität Tübingen und am Institut für Hör-, Sprach- und Sehgeschädigtenpädagogik der Pädagogischen Hochschule Heidelberg in Verbindung mit der Universität Heidelberg.

Erforderlich sind ein zusätzliches viersemestriges fachpädagogisches Studium in zwei gewählten Fachrichtungen – eine davon schwerpunktmäßig – und eine zweijährige schulpraktische Ausbildung an einer Sonderschule und am Institut. Das fachpädagogische Studium schließt mit der Ersten Prüfung und die Schulpraktische Ausbildung mit der Zweiten Prüfung für ein Lehramt an Sonderschulen. Das fachpädagogische Studium umfaßt grundwissenschaftliche Studiengebiete (spezifisch-medizinische, fachliche, soziologische, psychologische und sonderpädagogische Grundfragen) der entsprechenden Fachrichtungen. Hinzu kommen fachtheoretische Studiengebiete der Didaktik, Methodik, Diagnostik und Grundfragen der Erziehung. Außerdem gehört zum fachpädagogischen Studium auch eine Einführung in die Schulpraxis, und zwar während der Semester durch Demonstrationen und eigene Lehrversuche an der Ausbildungsschule sowie Blockpraktika zwischen den Semestern.

Als Begründung zur Wahl des Praxisfeldes schrieb Brigitte B., eine Praktikantin, in ihrem Bericht zum sozialpädagogischen Hauptpraktikum vom September 1972: »Die Methoden und Materialien in der Sonderschule für bildungsschwache Kinder und Jugendliche stimmen mit denen in der Kleinkinder- und Vorschulerziehung wesentlich überein. Da mein Studium bisher an der frühkindlichen Sozialisation orientiert war, sollte die Praxis der Sonderpädagogik zur Aufweitung des Studienhorizontes beitragen. Wichtig schien mir der sozialpädagogische Aspekt, d. h. das Kennenlernen der Probleme geistig behinderter Kinder und ihrer Eltern, die in unserer Gesellschaft bisher nur als Randprobleme wahrgenommen werden. Ferner hat mich die hervorragende Ausstattung der Schule bewogen, dort mein Praktikum zu absolvieren (Schule in Tübingen-Pfrondorf). Machte mich mein Informationspraktikum (Kooperationszentrum des Arbeitskreises Neue Erziehung e. V. in Berlin) mit den Problemen der Elternarbeit für den Bereich der Vorschulerziehung bekannt und motivierte mich, diese Problematik als Spezialthema zu wählen, so ergibt sich nach meinem Hauptpraktikum sowohl eine Verstärkung als auch eine weitere Eingrenzung dieses Interesses: Elternarbeit im Bereich der Sonderschule als sozialpädagogisches Problem. Die folgenden deskriptiven Ausführungen stützen sich aufgrund meines bisherigen Studienganges nur auf geringe Vorkenntnisse zur Sonderpädagogik. Sie sind insofern im großen Maß ebenso ein Beobachtungsergebnis meines Praktikums wie die Einsicht in die besondere sozialpädagogische Dimension dieses Praxisfeldes.«

Als Erziehungsziele der Sonderschullehrerausbildung werden Hinführung zur Gemeinschaftsfähigkeit und lebenspraktische Bildung genannt. Die sozialen Anpassungsschwierigkeiten – hervorgerufen durch Erziehungsfehler, Isolation und Überbindung – sollen in der Sonderschule durch Lehrer und die Gruppe möglichst abgebaut werden. Angestrebt werden bei geistig behinderten Kindern vor allem Rücksichtnahme auf Mitschüler, Übernahme von kleinen Aufträgen (Pflege der Tiere und Pflanzen in der Klasse, Tisch-decken und andere Verrichtungen). Hauptziel aller erzieherischen und therapeutischen Bemühungen aber ist die Fähigkeit zur relativ selbständigen Lebensbewältigung, ein Ziel, das sich auf Kenntnisse über die nächste Umgebung, sprachliches Artikulationsvermögen, selbständiges Ankleiden, Hygiene, Nahrungsbereitung und leichte manuelle Verrichtungen (Nähen, Stricken, Werken) erstreckt. Der Behinderte soll in die Lage versetzt werden, sein Leben aus eigener Kraft zu bewältigen.

Die schulpraktische Ausbildung im Anschluß an die Erste Prüfung besteht aus einer unterrichtspraktischen Unterweisung an der Schule und einer unterrichtstheoretischen Unterweisung am Institut mit jährlich zwei 14tägigen Kursen. Im Vordergrund steht dabei die Erfahrung in der Praxis des Lehrens und Erziehens. Weiter soll der Lehrer am Unterricht des Schulleiters oder des Betreuungslehrers mitwirken, unter Berücksichtigung der jeweiligen Fachrichtungen, und der Schulleiter soll pädagogische Fragen mit dem Lehrer besprechen und ihn mit didaktischen und methodischen Problemen und den entsprechenden Hilfsmitteln für den Unterricht vertraut machen. In den Kursen am Institut werden die praktischen Fragen wissenschaftlich erörtert. Außerdem werden Fragen der vor- und nachschulischen Betreuung, der beruflichen Ausbildung, des Schul- und Sozialrechts behandelt.

Die zusätzliche Ausbildung für das Lehramt an Sonderschulen ist in zwei Bereiche aufgegliedert:

1. das fachpädagogische Studium mit dem Schwerpunkt auf den wissenschaftlichen Studien (wobei die Praxis des Lehrens und Erziehens zu berücksichtigen ist), und
2. die schulpraktische Ausbildung, die von der Praxis bestimmt wird und in deren Bereich der Lehrer auch lernen soll, sich ergebende praktische Fragen an die Wissenschaft zu stellen und sie mit deren Hilfe zu lösen.

Der sonderpädagogischen Ausbildung vorausgehen soll das Studium für ein Lehramt für allgemeinbildende Schulen, weil sonderpädagogische Fragen entsprechend fundierte Kenntnis der Bildung und Erziehung nichtbehinderter Kinder und Jugendlicher voraussetzen.

Der Weg zu einem Sonderschullehramt über eine vorhergehende Ausbildung für ein anderes Lehramt, der auch im Strukturmodell für die Lehrerausbildung und -weiterbildung beispielsweise in Baden-Württemberg (Schriftenreihe des Kultusministeriums Baden-Württemberg zur Bildungsforschung, Bildungsplanung, Bildungspolitik, Reihe A 4, Stuttgart 1967) ausdrücklich bestätigt wurde, hat den Vorteil, daß die Studierenden zum großen Teil bereits Unterrichtserfahrung besitzen. Nach der praktischen Erfahrung haben sie sich bewußt für die Sonderpädagogik entschieden. Sollte sich herausstellen, daß sie für diese spezielle Fachrichtung nicht geeignet sind, können sie in ihr ursprüngliches Lehramt zurückkehren.
Um den Bedarf an Lehrkräften an den verschiedenen Sonderschultypen decken zu können, haben die Studierenden die Möglichkeit, unter den Schwerpunkt-Fachrichtungen zu wählen:

Lernbehindertenpädagogik,
Bildungsschwachenpädagogik,
Blindenpädagogik,
Sehbehindertenpädagogik,
Gehörlosenpädagogik,
Schwerhörigenpädagogik,
Sprachbehindertenpädagogik,
Körperbehindertenpädagogik,
Erziehungsschwierigenpädagogik.

Es besteht allerdings auch die Möglichkeit, jedes dieser Fächer als Nebenfach zu wählen und durch entsprechende Kombination bei Mehrfachbehinderten zu unterrichten.
In einer Untersuchung in Baden-Württemberg wurde der Lehrerbedarf für das Jahr 1980 festgestellt. Entsprechend der Prognose sollten in jedem Semester Sonderschulpädagogen ausgebildet wer-

den, wovon die Lernbehindertenlehrer mit 150, gefolgt von den Erziehungsschwierigenlehrern mit 65 und den Lehrern für Sprachbehinderte mit 26 die größten Gruppen bilden. Da aber, wie selbst das Kultusministerium zugibt, ein großer Nachholbedarf besteht, ist mit einer Beschränkung vorläufig nicht zu rechnen. Im Gegenteil, es müßten dringend weitere Studienplätze geschaffen werden, um wenigstens den Rückstand aufzuholen. Hier aber scheinen die Kultusministerien nicht sonderlich geneigt zu sein, Ideen einer Lösung zu entwickeln.

Neben den Sonderschullehrern, die an den Sonderschulen fast ausschließlich Fachunterricht erteilen – und bei wesentlich weniger Wochenstunden ein wesentlich höheres Einkommen erzielen als Erzieher – unterrichten an den Sonderschulen Erziehungskräfte mit überwiegender Lehrtätigkeit. Sie setzen sich zusammen aus Jugendleiterinnen, Kindergärtnerinnen mit einer Zusatzausbildung und führen und unterrichten die einzelnen Gruppen. Sie sind meist durch die höheren Stundenzahlen erheblich überbelastet. Die ihnen noch zugemuteten regelmäßigen Konferenzen und die zusätzlichen Elternbesuche sind im Rahmen des Wochenplans kaum zu bewältigende Aufgaben. Kooperation und wichtige Elternarbeit leiden unter dieser zu hohen Belastung.

Fachlehrer arbeiten an verschiedenen Sonderschulen für die Fachgebiete rhythmische Erziehung, textiles Werken und Hauswirtschaft. Die an verschiedenen Sonderschulen tätigen betreuenden Kräfte benötigen normalerweise eine heilerzieherische Vorbildung. Ihre Aufgabe ist Hilfeleistung bei der Hausarbeit und teilweise bei der Betreuung der Kinder. Häufig werden für diese Tätigkeiten völlig unausgebildete Hausfrauen eingestellt.

Nicht mehr gefragt ist im Sonderschullehrer-Beruf der Idealismus. Bei den zum Teil hochqualifizierten Fachleuten aus den verschiedensten Fachrichtungen bestehen entsprechende Besoldungsansprüche. Keinesfalls gerechtfertigt ist aber die Tatsache, daß Sonderschullehrer und Erzieherinnen mit überwiegender Lehrtätigkeit für die meist gleiche Tätigkeit sehr unterschiedliche Bezüge erhalten. Eine Kindergärtnerin mit einer heilpädagogischen Zusatzausbildung, die in der Unterstufe tätig wird, kann häufig genauso effizient arbeiten wie ein Sonderschullehrer mit seiner speziellen Ausbildung in der Oberstufe.

Auch die verschiedene Unterrichtszeit ist keineswegs gerechtfertigt. Während in Hessen ein Sonderschullehrer zur Zeit 27 Wochenstunden unterrichtet, hat die im Angestelltenverhältnis stehende Erzieherin 42 Pflichtstunden zu absolvieren, in Baden-Württemberg immerhin noch 35. Sie erhält in Hessen allerdings eine Stundenreduzierung auf 36 Wochenstunden, wenn sie verantwortlich eine Gruppe führt. Die übrige Zeit wird ihr dann als Vorbereitungszeit angerechnet. In jedem Fall aber arbeitet sie zwischen 7 und 10 Stunden mehr als der Sonderschullehrer, in gleicher Streßsituation, mit gleich schweren Aufgaben, für entsprechend geringeres Gehalt. Diese Tatsache verhindert in manchen Fällen eine progressive Arbeit an der Sonderschule.

Katastrophal aber wird die Situation, wenn, wie in vielen Schulen der Bundesrepublik, die betreuenden Kräfte oder auch Erzieher mit überwiegender Lehrtätigkeit fehlen. Dann passiert es wie in Böblingen – und anderen Sonderschulen –, daß die Erzieherinnen von morgens 1/2 8 bis nachmittags 1/2 3 Uhr ohne Pause durcharbeiten müssen. Diese Schule ist eine Ganztagsschule, bei der Vorbereitung zum Mittagessen, Tisch-decken und gemeinsames Essen mit den Kindern (lebenspraktische Übungen) mit zum Unterricht gehören. Die Erzieherinnen, die in dieser Schule eine Gruppe führen (und andere gibt es hier nicht), haben nicht die Möglichkeit, auch nur eine kurze Pause zu machen. Bei ihnen gehen der Unterricht und die Beaufsichtigung während der Pausen ohne Übergang durch.

Häufig unterstehen die Sonderschullehrer und Erzieher Schulräten, die die gleiche Funktion als Schulrat für alle Schultypen – von der

Grundschule über die Hauptschule bis hin zur Sonder- und Realschule und zum Gymnasium – haben und über keinerlei sonderpädagogische Zusatzausbildung verfügen. Erhebliche Meinungsverschiedenheiten und völlig falsche und verfehlte Anweisungen sind die Folge.

Angestrebt wird von vielen Sonderschullehrern und Erzieherinnen ein Teamwork von Lehrern, Kindergärtnerinnen bzw. Erzieherinnen und den übrigen Fachkräften. Beim Sonderschulverband wird zur Zeit ermittelt, welche Kräfte für die einzelnen Schulen anstehen, und das gilt in besonderem Maße für die Geistigbehinderten. Hier wird ein Team notwendig, das Sozialarbeiter, Mediziner oder Neurologen einbeziehen sollte.

Häufig führt die Universitätsausbildung (mit in Hessen zehn Semestern insgesamt und 3 Staatsexamina) bei den Lehrern zu einem elitären Bewußtsein. Ein Akademiker, der den Kindern den Hintern abwischt – eine Zumutung! Tatsache aber ist, daß zur Arbeit auch die Sauberkeitserziehung mit zum Teil schwer retardierten Kindern gehört. Die Eltern sind häufig nicht in der Lage, ein Sauberkeitstraining durchzuführen, und diese Aufgabe kommt als wesentlicher Faktor der Erziehungsarbeit auf die Schule zu.

Gerade bei Kindern, die starke Schwierigkeiten haben, also eine besonders gravierende soziale Insuffizienz zeigen aufgrund organischer Defekte oder aufgrund einer autistischen Wesensanomalie, muß ein Vertrauensverhältnis entwickelt werden, das vom Lehrer mehr verlangt als die bloße Erfüllung der Lehrfunktion. Deshalb ist an der Sonderschule das Klassenlehrersystem gegenüber dem Fachsystem vorzuziehen, um das Kind wenigstens in den Anfängen seiner Förderung an eine ständige Bezugsperson zu gewöhnen. Schließlich aber führt ein elitäres Verhalten der Sonderschullehrer häufig zur Entwicklung von Hierarchien an den Schulen, die einer pädagogisch wirkungsvollen Arbeit ausgesprochen abträglich ist.

5. Bildungspläne für Sonderschulen – Methode und didaktisches Material

Anhand einer Umfrage hat der Sonderschulverband festgestellt, für welche Länder und Sonderschultypen Bildungspläne vorliegen. Das Ergebnis ist interessant:

Baden-Württemberg: Im Amtsblatt »Kultus und Unterricht« wurden folgende Bildungspläne für Sonderschulen veröffentlicht: Gehörlose, Schwerhörige, Lernbehinderte, Bildungsschwache, Blinde, Sprachbehinderte.

Bayern: Für Bayern liegen Bildungspläne in zwei Bänden vor: 1. Lernbehinderte, Geistigbehinderte, Körperbehinderte, Erziehungsschwierige. 2. Blinde, Sehbehinderte, Gehörlose, Schwerhörige, Sprachbehinderte.

Berlin: In Berlin liegen Ausführungsvorschriften betreffs Unterricht und Erziehung in der Besonderen Schule – Hilfsschule – vor. Zur Zeit wird ein neuer Plan für die Hilfsschulen und für die Sammelklassen (Klassen für Geistigbehinderte) erarbeitet.

Bremen: In Bremen liegt nur ein Bildungsplan für Lernbehindertenschulen vor, der aus dem Jahre 1960 stammt.

Hamburg: Für Hamburg liegen nur Bildungspläne bzw. Bildungsplanentwürfe vor für Sonderschulen für Lernbehinderte, Sonderschulen für Sprachbehinderte und Sonderschulen für Geistigbehinderte.

Hessen: In Hessen liegen Bildungspläne für die Sonderschulen für Lernbehinderte und für das 9. Schuljahr der Sonderschule für Lernbehinderte vor.

Niedersachsen: In einem Zwischenbescheid wird mitgeteilt, daß nach den vorhandenen Informationen die Richtlinien für die Sonderschulen für Lernbehinderte überarbeitet werden. Andere Richtlinien sind nicht bekannt.

Nordrhein-Westfalen: Die Bildungspläne für die Sonderschulen für Lernbehinderte sind in Vorbereitung.

Rheinland-Pfalz: In diesem Bundesland existiert zur Zeit nur ein Bildungsplan für Sonderschulen für Gehörlose. Bildungspläne für Sonderschulen für Lernbehinderte und für Sonderschulen für Geistigbehinderte sind in Vorbereitung. Für die Sonderschulen für Körperbehinderte ist eine Bildungs-Konferenz einberufen worden.

Saarland: Hier sind Bildungspläne nur für die Sonderschulen für Lernbehinderte und für die Sonderschulen für Geistigbehinderte in Bearbeitung.

Schleswig-Holstein: Bildungspläne in diesem Bundesland liegen nur für die Sonderschulen für Lernbehinderte vor. Diese Pläne stammen jedoch aus dem Jahre 1964 und sind völlig veraltet.

Unverständlich ist die Tatsache, daß die meisten Bundesländer keinerlei oder nur vereinzelte Bildungspläne für die Sonderschulen aufgestellt haben. »Wir wurschteln halt vor uns hin«, sagte ein befragter Lehrer in Wuppertal, »und machen mit der Zeit unsere Erfahrungen. Im Laufe der Jahre bekommt man entsprechende Routine.«
Auch wenn manche Kultusministerien glauben, daß die individuell sehr unterschiedliche Lernfähigkeit und Lernbereitschaft der Sonderschulkinder es nur bedingt zulassen, den Unterrichtsstoff nach Art, Umfang und festgelegtem Zeitplan vorherzubestimmen, so ist es sicher unumgänglich, den Schulen und den Lehrern entsprechende

Hilfen zu geben. In jedem Fall sollte eine Zusammenstellung des Bildungsguts außer den ordnenden Funktionen auch dem Zweck dienen, Anhaltspunkte und Hinweise dafür zu geben, welche Unterrichtsstoffe dem Verständnis einer annähernd homogenen Leistungsgruppe oder unter günstigeren Bedingungen dem des Klassenverbands entsprechen.

Der Sonderschul-Stoffplan hat den Charakter eines Auswahl-Plans, der insoweit unverbindlich ist, als angegebene Unterrichtsstoffe auf Gruppen, Klassen oder Jahrgänge entweder zeitlich anders verteilt werden, völlig wegfallen oder durch andere ersetzt werden, die dem einzelnen Schüler angemessener sind und seiner Förderung besser dienen. Völlig verworren und haltlos wird die Situation, wenn ein Schulrat die Schulaufsicht über Sonderschulen führt, der vom Sonderschulwesen nichts oder nicht allzuviel versteht. Die »Empfehlung« wird dann zu einem Stück Papier, denn hier heißt es eindeutig: »Sofern Schulaufsichtsbeamten der unteren Schulaufsichtsbehörde Sonderschulen unmittelbar unterstellt sind, müssen für die Schulaufsicht fachkundige Berater herangezogen werden.«

Die Unkenntnis im Sonderschulwesen wirkt sich dann so aus, daß ein Schulrat auf Einhaltung des vorher festgelegten Stundenplans besteht. Wenn Schwimmen angesetzt ist, muß geschwommen werden, auch wenn es regnet. Und wenn Rechnen im Stundenplan steht, muß gerechnet werden, auch wenn es der physische und psychische Zustand der behinderten Kinder in keiner Weise zuläßt und eine Änderung positivere Ergebnisse bringen würde. Unkenntnis eines Schulrats kann unter Umständen die Arbeit von Wochen zunichte machen.

Die Praktiker des Sonderschulwesens sind sich längst darüber einig, daß das Aufstellen von Stundenplänen herkömmlicher Art wie in Grund- und Hauptschulen, in Realschulen oder Gymnasien unsinnig ist. Man kann weder die behinderten Kinder zu bestimmten Stunden zu vorbestimmten Fächern zwingen, noch kann man starr

an der Einhaltung der für das ganze Jahr aufgestellten Stundenpläne festhalten; nur eine gewisse Flexibilität – die von Schulräten und Schulämtern unterstützt und nicht boykottiert und sabotiert werden sollte – ist überhaupt in der Lage, Teamwork zwischen Lehrer und Kindern zu ermöglichen und eine halbwegs befriedigende Arbeit zu garantieren.
Die Schwierigkeiten beim Lernplan werden besonders deutlich bei der Aufstellung eines Gesamtthemas, das durch alle oder fast alle Unterrichtsfächer läuft. Es findet Anwendung in der Sachanalyse und in der lebenspraktischen Bildung, im Rechnen und Werken, beim bildhaften Gestalten und in der Musik. Die Aufstellung eines solchen Gesamtthemas sieht etwa so aus:

Gesamtthema »Bei der Obsternte«.
Sachanalyse: Verschiedene Obstarten (Name, Farbe, Form, Bestandteil) – Geräte für die Ernte (Korb, Kiste, Leiter, Stange, Sack, Wagen) – Vorgänge der Obsternte (Lagerung, Einkellerung, Verarbeitung: Entsaften, Einkochen) – Naturvorgänge (Reifen, Faulen, Funktion der Kerne).
Lebenspraktische Bildung: Obst ernten (sammeln, pflücken, Leiter besteigen), Obst verarbeiten (waschen, abtrocknen, schneiden, entkernen, entsaften, Brei kochen).
Arbeitsvorbereitende Erziehung/konstruktives Bauen: Leiter, Wagen, Korb, Kiste, Regal aus Konstri, Prestofix, Plastikant, Baufix; Legen mit Muggelsteinen, Legetäfelchen, Legestäbchen.
Werken: Korb aus Peddigrohr, Furnierstreifen, Obst. Korb kneten, Obsttüten kleben.
Bildhaftes Gestalten: Verschiedene Obstarten, Obstschale, Obstkorb mit Fingerfarben, Wachsfarben, Borstenpinsel malen, ausschneiden und kleben (Buntpapier, Transparentpapier), Stempeln, Obstbaum mit Leiter, Korb, Wagen mit Wasserfarben malen, in Pappdruck, Kratztechnik gestalten.

Musik: Lieder: In einem kleinen Apfel ...
Hoch am Baum ...
Spannenlanger Hans ...
Kommt der liebe Herbst ins Land ...
Singspiele: Da liegt ein Apfel, da liegt ne Birn ...
Herbstwind schüttelt die Bäume,
schüttelt den Apfelbaum ...

Ausarbeitung einer Orffbegleitung: Kinder kommt und ratet, was im Ofen bratet ...

Raum, Menge: Anordnen, sortieren nach Obstsorten, nach Größen, nach Farben. Dazutun, wegnehmen, füllen, ergänzen (Obstsorten, Körbe, Gläser, Regale, Kisten).

Unterscheiden von Teilmengen (großer Apfel, kleiner Apfel, roter Apfel, mit oder ohne Stiel).

Arbeitsblätter: Eine bestimmte Anzahl von Äpfeln, an dem Baum, in den Korb malen, als Menge einkreisen.

Formauffassung: Arbeitsblätter: Gleiche Obstarten, gleiche Äpfel, Birnen usw., heraussuchen.

Sprache: Begriffe siehe Sachanalyse: Rhythmisches Sprechen mit Klatschen (Apfelbaum, Birnbaum ...) Fingerspiele: Das ist der Daumen (Vers dazu sprechen), kleine Sätze: Das ist ein roter Apfel, gib mir den ... Benennen der Tätigkeit bei der Obsternte, Handlungsablauf beschreiben.

Das Beispiel eines anderen Themas »Bunte Herbstblätter« sieht folgendermaßen aus:

Praktische Tätigkeiten: Sammeln, anfassen, knistern hören, fallen sehen, schweben lassen, durchlaufen, anhäufen, überspringen, zusammenfegen, zusammenrechen, als Hindernis umgehen, mit Blattstielen oder mit Kiefernnadeln zusammenstecken, Fliederblättchen abrupfen, Blattgerippe freizupfen oder mit der Bürste freistupfen,

in verschiedenen Formen legen, vom Tisch blasen, glattstreichen, pressen.
Sachwissen: Die Blätter hängen auf den Bäumen, verfärben sich im Herbst, fallen ab, weil sich die Bäume auf den Winter vorbereiten (im Frühling sollen neue Blätter wachsen, Saft wird entzogen, fließt den Stamm hinunter), »Herbstfarben« (grün, gelb, rot, braun), verschiedene Blattformen (Eiche, Buche, Kastanie, Ahorn, Robinie, Birke), dürres Laub knistert, vermodert auf dem Waldboden.
Bildhaftes Gestalten: Blätter bemalen und abdrucken, übermalen oder überspritzen (negative Form) ausstupfen, mit Muggelsteinen umlegen, mit Stecknadeln umstecken, ausschneiden, mit Bleistift umfahren, ausmalen, ausstempeln, mit Muggelsteinen auslegen, Absprungtechnik, auf Plastilin aufdrücken, auf Gipsplatte aufkratzen, in best. Formen aufkleben.
Unterscheidungsvermögen: Erfassen von Mengen und räumlichen Gegebenheiten, unterscheiden, ordnen der Blätter nach Farbe, Größe und Form; zählen, dazulegen, wegnehmen; in Gruppen mit einer bestimmten Anzahl legen (in jede Gruppe gleiche, in jede Gruppe ungleiche Blätter), in eine bestimmte Lage legen (Stiel nach oben, unten, auf die Seite), Reihen in bestimmte Anordnungen legen und fortsetzen (Anordnung in versch. Gliedern, die durch Farbe, Größe, Form, Lage der Blätter bestimmt sind), Fliederblättchen oder Blattspitzen abzählen, verschiedene Mengengestalten erkennen und mit Blättern nachlegen.
Arbeitsblätter: 1. gleiche Blätter herausfinden und jeweils verschieden kennzeichnen. 2. eine bestimmte Anzahl Blätter an Baum zeichnen. 3. eine bestimmte Anzahl Blätter in den Korb zeichnen. 4. eine bestimmte Anzahl durch Kreise (Haufen) zusammenfassen.
Singen: Herbstlieder aus dem Gesangbuch.
Rhythmik: Taumeln, sich fallen lassen, fortgeweht werden wie Laubblätter, durcheinander wirbeln, um oder auf Blättern gehen, Einsatz von Gymnastikreifen.

Sprechschulung:
Sprechmotorische Übungen: Der Wind bläst die Blätter fort (blasen), wir ahmen das Rascheln, Knistern, Rauschen der dürren Blätter nach (lautmalende Geräusche: sch . . . ks . . . fs . . . ts . . .)
Satzbau: Wo die Blätter überall hinfallen (auf die Wiese, auf den Weg, in den Bach, auf den Boden, in den Hof . . .) zusammengesetzte Wörter mit Blatt (Eichen-, Buchen-, Ziffer-, Sägeblatt . . .)
Die Sonderschule ist wie alle Schulen eine Stätte des Lernens, in der sich die Kinder einen Teil des lebensnotwendigen Wissens und des praktisch-theoretischen Könnens im Klassenverband erarbeiten müssen. Ohne Bildungspläne ist der Lehrer weitgehend sich selbst überlassen. Gerade weil Sonderschulen immer noch Neuland sind – im Verhältnis zu Grund- und Hauptschulen oder Gymnasien –, ist die Erarbeitung von Bildungsplänen erste Aufgabe der Kultusministerien, in Zusammenarbeit mit den Lehrerverbänden, dem Sonderschulverband und den Elternbeiräten.
Jedem Unterrichtsfach müßten in einem solchen Bildungsplan methodische Hinweise vorangestellt werden, die vornehmlich dazu dienen sollen, erprobte Wege der unterrichtlichen Arbeit zu zeigen. Sie sollen sich nicht nur auf Erkenntnisse und Forderungen der Heilpädagogik und ihrer Grenzwissenschaften stützen, sondern auch auf die Praxis im Unterricht, auf die Arbeit mit den behinderten Kindern und die hieraus gewonnenen Erfahrungen. Dem Lehrer blieben dabei Umwege und Mißerfolge erspart.
Über den September (selbst erarbeitet) hatte ein Lehrer als Gesamtthema notiert:

Unterstufe: Verkehrserziehung
An einer Straßenkreuzung gibt es viel zu sehen
Straßen im Schulgebiet
Verkehrsampel (Farben, Reihenfolge)
Was blüht jetzt im Garten
Pflaumen und Birnen sind reif

Mittelstufe: Verkehrserziehung
(siehe Unterstufe) und Verkehrsschilder
Verhalten im Bus, an der Haltestelle
Genauere Behandlung einer Gartenblume
Obsternte

Oberstufe: Verkehrserziehung
siehe Unter- und Mittelstufe, Aufgaben der Verkehrspolizei
Ein Unfall hat sich ereignet
Was blüht jetzt auf der Wiese und im Garten
Welches Obst ist jetzt reif?

Wie wichtig der Bildungsplan mit seinen Hilfen, Anregungen und aus der praktischen Arbeit gewonnenen Erkenntnissen ist, zeigen diese Beispiele deutlich.

6. Die Praxis

Die Frage, ob für die Sonderschulen ein Bildungsplan aufzustellen sei, wird seit Anfang dieses Jahrhunderts diskutiert. Die Meinungen hierüber gehen auch heute noch auseinander. Infolge der Schwierigkeiten in der inhaltlichen Zielsetzung der Arbeit an Sonderschulen ist jedoch keine allgemein befriedigende Antwort möglich, und so wurde das Spezifische dieses Schultyps in einer besonderen Unterrichtsmethode begründet.
Die Richtlinien für die Hilfsschulen in Nordrhein-Westfalen vom 15. März 1962 (Amtsblatt des Kultusministeriums des Landes Nordrhein-Westfalen 1962, Seite 72 ff.) betonen: »Heilpädagogik in der Hilfsschule hat keine andere Zielsetzung als die allgemeine Schulpädagogik. Sie geht aber unter erschwerten Umständen eigene Wege in der Auswahl der Mittel und in der Schaffung der inneren und äußeren Voraussetzung für Erziehung und Unterricht. Es kann deshalb weder einen Normallehrplan noch ein allgemeines Lehr- und Lernziel geben, weil jedes Hilfsschulkind in seiner Besonderheit besondere Anforderungen stellt und deswegen individuell behandelt werden muß.«
Einigkeit herrscht wohl weitgehend darüber, daß Lernziele gesteckt werden müssen und erreicht werden sollten. Dieser Leistungsanspruch ist jedoch kein Selbstzweck. Wenn die Behinderten in die Lage versetzt werden sollen, im späteren Leben ein gewisses Maß an Selbständigkeit zu erreichen, ist ohne Leistungsanforderung nicht auszukommen. Deshalb formuliert der Einführungserlaß zum Bildungsplan der Sonderschule für lernbehinderte Kinder und Jugendliche in Baden-Württemberg (Kultus und Unterricht 1968, Seite 237): »Ein wesentliches Merkmal dieses Planes ist es, daß er die Aufgabe stellt, die bei lernbehinderten Schülern vorhandenen

Fähigkeiten besonders zu fördern; denn die Sonderschule für lernbehinderte Kinder und Jugendliche hat nicht nur ihren Unterrichts- und Erziehungsauftrag zu erfüllen, sondern auch Grundlagen für eine berufliche Ausbildung zu legen.«

Mit der praktischen Zielsetzung ist laut Richtlinien eine »ethische« verbunden.

»In dem stark differenzierten, modernen Sozialgefüge« sagt der Bildungsplan der Sonderschule für Lernbehinderte des Landes Hessen, »wird die Lebensbewältigung zunehmend schwieriger, wozu viele Kinder ohne besondere Hilfe nicht in der Lage sind. Um solche Kinder in der für sie eingerichteten Sonderschule für diese Lebensbewältigung vorzubereiten, bedarf es größerer Mittel, als es die Erfüllung der gleichen Aufgabe bei nichtgeschädigten Kindern erfordert. Jedoch darf der Aufwand seitens der Öffentlichkeit nicht allein von dem zu erwartenden Nutzwert bestimmt werden. Das von Gott geschaffene und trotz seiner vielgestalteten Schädigungen erhaltene Leben hat ein ihm innewohnendes Recht auf Achtung und Förderung. In der Wahrung dieses Rechtes liegt die hohe ethische Aufgabe der Sonderschule.«

Diese christliche Begründung einer Sonderschulerziehung appelliert an ein karitatives Verantwortungsgefühl, das in einer säkularisierten Leistungsgesellschaft lediglich als überlieferte Phrase wirkt. In solchem Pathos drückt sich etwas von der Verlegenheit der Institutionen aus, eine angemessene Einstellung zur Existenz der Behinderten zu finden. Die Förderung auch der Schwächeren wird nur auf dem Umweg einer religiösen Verpflichtung, nicht aber als selbstverständliche gesellschaftliche Aufgabe akzeptiert. Das ist in einer Zeit, in der das christliche Ethos nicht mehr absolut verbindlich ist, problematisch. Unbewußt schieben sich Normerwartungen und Vorurteile, die den »Versager« sich selbst und seiner Familie überlassen, wieder ein. Der finanzielle Aufwand, der für eine wirksame Hilfe notwendig wäre, scheint angesichts der »geringeren Verwertbarkeit« der Behinderten zu groß. Deshalb fehlt es trotz neuer Erkenntnisse und in den Bildungsplänen festgehaltenen Forderungen nach heilpädagogischen Maßnahmen noch weitgehend an den notwendigen Einrichtungen und Fachkräften.

»Die Sonderschule«, heißt es im hessischen Bildungsplan, »kann ihre Aufgabe nur dann voll erfüllen, wenn sie die Andersartigkeit, Eigentümlichkeit und Leistungsgrenze des einzelnen Sonderschulkindes berücksichtigt, ihre fürsorgerische, erzieherische und unterrichtliche Arbeit Lehrern anvertraut, die für den heilpädagogischen Beruf geeignet und ausgebildet sind, und, wenn das Schulgebäude, in seiner inneren und äußeren Anlage die Möglichkeit bietet, das Schulleben entsprechend den Bedürfnissen des Sonderschulkindes zu gestalten.«

Tatsächlich aber sind die Schulgebäude und ihre innere und äußere Anlage heute weitgehend ungeeignet für den Unterricht überhaupt und für Sonderschüler im besonderen. Häufig werden, wenn die Grund- und Hauptschulen die modernen und zweckmäßigen Neubauten bezogen haben, die überalterten Baulichkeiten als Sonderschulen eingerichtet. Das, was für die »normalen« Schüler längst nicht mehr gut genug ist, ist für die Behinderten völlig ausreichend. Gleichzeitig fehlt es an Therapeuten, Logopäden, Krankengymnasten und Rhythmiklehrern, die einen sinnvollen Unterricht oft erst möglich machen. Die Diskrepanz zwischen Sonderschulplanung und Sonderschulwirklichkeit ist deshalb besonders groß.

Deutlich wird die Einstellung der Gesellschaft am Beispiel Sigmaringens. Die Stadt hatte 1972 mit Hilfe des Landes Baden-Württemberg für mehr als eine halbe Million Deutsche Mark eine neue Sonderschule für lernbehinderte Kinder und Jugendliche gebaut. Nach der Fertigstellung aber zogen nicht die Lernbehinderten ein, sondern die Realschüler. Statt dessen wurden die lernbehinderten Kinder und Jugendlichen zu Beginn des Schuljahres 1972/73 in drei räumlich weit auseinander liegenden Gebäuden untergebracht.

Der Streit entfachte sich wegen des Neubaus des Gymnasiums. Für diesen Bau, mit dessen Baubeginn 1973 gerechnet wurde, entstand eine Finanzierungslücke von 200 000 DM (bei Gesamtkosten von 15 Millionen DM wohl keine unüberbrückbare Hürde). Jedenfalls konnte wegen dieser nicht gedeckten Finanzierung mit dem Bau nicht begonnen werden. Sehr schlecht aber sind die Verhältnisse in der Realschule Sigmaringen. Nur: für die Realschüler wird kein neues Schulhaus gebaut, weil sie nach Fertigstellung des Gymnasiums in das alte Gymnasium umziehen. Da sich der Baubeginn jedoch siehe oben verzögerte und andererseits sich die Situation in der Realschule nicht besserte, zog man kurzerhand mit acht Klassen in die neuerbaute Sonderschule. Die Leidtragenden sind die Sonderschüler, die hier deutlich demonstriert bekamen, daß sie die Letzten in der Hierarchie der Schüler sind. So kommt es, daß die 96 Schüler der Sonderschule in ihren sieben Klassen einstweilen auf den neunklassigen Vollausbau ihrer Schule und auf den Einzug in ihr eigenes Schulhaus weiterhin warten müssen, voraussichtlich bis 1975. »Lebenshilfe« soll – so die »Vorläufigen Richtlinien für die Arbeit in der Schule für Praktisch Bildbare« vom August 1971 – »Inhalt und Ziel des gesamten Unterrichts und aller Erziehung in der Schule für Praktisch Bildbare (sein). Ihre Aufgabe ist es, dem Schüler die Lebensbereiche von Familie, Schule und Gesellschaft zu erschließen. Dazu gehören die Anleitung zur Übernahme der verschiedensten Aufgaben und das Hinführen zu einer Tüchtigkeit, die den Schüler weitgehend unabhängig von Pflegepersonen macht.«
Die Fachbereiche und Unterrichtsgebiete für Praktisch Bildbare werden im hessischen Bildungsplan ebenso allgemein wie umfassend formuliert:

»Der Erziehungs- und Unterrichtsauftrag der Schule für Praktisch Bildbare stellt sich in den Fachbereichen dar. Sie sind als in sich geschlossene, aber auch korrespondierende Einheiten zu verstehen,

aus denen sich die einzelnen Lernziele – in den nachfolgenden Unterrichtsgebieten dargestellt – ableiten. Die Prozesse des Lehrens und Lernens, das Suchen, Verstehen, Aufnehmen und Bewältigen sachlicher, personaler und mitmenschlicher Formen und Tätigkeiten finden in den Fachbereichen ihren Niederschlag. Sie orientieren sich an den schulpädagogischen Inhalten, deren der Praktisch Bildbare bedarf und die im Bereich seiner Möglichkeiten liegen.
Die Fachbereiche der Schule für Praktisch Bildbare sind:

1. der Soziale Bereich
2. der Sprachliche Bereich,
3. der Technische Bereich,
4. der Musische Bereich und
5. der Religiöse Bereich.

Unterrichtsgebiete treten an die Stelle der bisher üblichen Unterrichtsfächer. Der nachstehend aufgeführte Katalog von Unterrichtsgebieten innerhalb der fünf Fachbereiche erhebt dabei keinen Anspruch auf Vollständigkeit. Die Inhalte der Unterrichtsgebiete sind schwerpunktmäßig in allen Stufen anzubieten, sie müssen dabei stufenmäßig ausreichend differenziert, integriert und ständig wiederkehrend sorgfältig gelehrt und vom Schüler bearbeitet werden. Aufgabe des Gruppenleiters (Klassenlehrers) muß es bleiben, die Themen der Unterrichtseinheiten (UE) so zu bestimmen, daß die lebensbedeutsamen Erfordernisse für jeden Schüler berücksichtigt werden.

a) Sozialer Bereich

Erziehung zur Umgänglichkeit
Selbstbesorgung
Erziehung zum sozialen Verhalten
Hinführung zur Gemeinschaft
Anregung zur Aktivität und Spontaneität
Umweltkunde/Naturerleben

Gesundheitserziehung
Sexualerziehung
Erziehung zur Selbständigkeit
Erziehung zur Arbeitshaltung
Selbsteinschätzung
Fähigkeit zum sinnvollen Eigenleben
Schülervertretung
Unterrichtsgänge
Lehrfahrten (1-tägig)
Schullandheimaufenthalte

b) Sprachlicher Bereich
Erziehung zur Ansprechbarkeit
Hinführung zur Sprechbereitschaft
Sprechen, Benennen
Begriffsbildung
Zuhören
Verstehen, Sprechtechnik
Wiederholen, Wiedererkennen, Wiedergeben
Merken, Behalten, Bewahren
Berichten
Lesen
Abschreiben, Schreiben
Sprach- und Sprecherziehung
Erweiterung des Wortschatzes

c) Technischer Bereich
Umgang mit Gegenständen
Symbolverständnis
Form, Farbe und Größe
Menge, Zahl und Ziffer
Rechnen
Kenntnis der gebräuchlichen Zahlungsmittel

Umgang mit Zahlungsmitteln
Kenntnis der einfachen Maße und Gewichte
Räumliche Orientierung, Zeitliche Orientierung
Wohnung, Haushalt / Kochen, Hauswirtschaft, Nadelarbeit
Verkehrserziehung
Umgang mit eigenen und fremden Gebrauchsgegenständen
Werkzeug und Material
Werken
Arbeitsplatz
Arbeitswelt

d) Musischer Bereich
Zuschauen, Zuhören, Miterleben
Spielen
Singen und Musizieren
Malen und Basteln
Kunsterziehung
Rhythmik
Sport und Schwimmen
Spiele und Beschäftigungen für Freizeit und Erholung
Tanz

e) Religiöser Bereich
Erste Begegnung mit dem religiösen Leben
Evangelischer Religionsunterricht
Vorbereitung auf die Konfirmation und das Leben in der Gemeinde
Katholischer Religionsunterricht
Sakramentenunterricht.«

Das Programm scheint genügend Spielraum zu lassen für die Möglichkeiten gering und verschieden befähigter Kinder. Trotzdem drückt es bereits ein Maximum an Erwartungen aus, denen ein großer Teil der Kinder in Schulen für Praktisch Bildbare nicht ent-

sprechen kann. Auch die auf ein Minimum reduzierten Unterrichtsziele sind noch inspiriert von der Vorstellung einer Allgemeinbildung, die die Pläne an normalen Schulen bestimmt. Die »Vorläufigen Richtlinien« kennen zwar die »Vielschichtigkeit der Teilbegabungen« der Sonderschüler und ihre »unterschiedliche Behinderung«, gleichzeitig aber sollen die »Lernziele der einzelnen Unterrichtsgebiete ... erreicht« werden. Das führt zu Schwierigkeiten in der Unterrichtspraxis.
Die folgenden Unterrichtsberichte von Sonderschullehrern veranschaulichen das:

»Wir rechnen jetzt in der Oberstufe bis fünf Mark, nicht weiter, also vom kleinsten Geldstück bis zum größten, von einem Pfennig bis zum Fünf-Mark-Stück. Wir machen gleichzeitig Unterricht im Rechnen und lebenspraktische Übungen. Die Kinder gehen später mit Geld um. In der Beschützenden Werkstatt verdienen sie Geld, und sie sollen schließlich wissen, was sie verdient haben. Die Kinder sind jetzt zwischen 12 und 15 Jahren alt. Die Intelligenz ist sehr verschieden. Es gibt welche, die können höchstens bis fünfzig Pfennig rechnen und andere eben weiter. Und das muß man koordinieren. Ich habe einige Bus-Kinder, die im Bus das Geld nachzählen können sollen, oder wenn sie eingekauft haben, das Wechselgeld nachzählen müssen. Wir schicken auch die Kinder zum Einkaufen, kleine Dinge einkaufen, Bänder oder Papier, und dann bekommen sie Geld mit und müssen nachzählen, ob's stimmt. Wir beschäftigen uns jetzt mit Kassenzetteln, mit den Reihen untereinander, der Einerreihe, der Zehnerreihe, der Markreihe, das zählen wir zusammen, damit die Kinder wissen, wo fange ich an, wo muß ich aufhören und wie ist der Endbetrag.
Fangen wir einfach mal an: Uwe, wo fangen wir an zusammenzuzählen?
Beim und, unten beim Strich.

Ich meine aber, in welcher Reihe?
Bei der Einer-Reihe.
Richtig, wir fangen beim kleinen Betrag an zu rechnen. Nicht bei der Mark-Reihe, sondern bei der Pfennig-Reihe, beim kleinsten Geld. Also, Bernd, wenn du 0 hast und kriegst 5 dazu, wieviel hast du dann?
Sechs!
Stimmt das? Du hast nichts und kriegst fünf. Es ist gar nichts da und du kriegst fünf Pfennig geschenkt, wieviel hast du dann? Vielleicht hilft dir Helga? 0 und 5?
Ist fünf!
Richtig, und 3 dazu?
Acht!
Und 5?
13!
Und 5?
18!
Und 0?
18!
Was muß ich jetzt hier unten hinschreiben?
Die acht!
Und was mache ich mit der eins?
Zur Zehner-Reihe!
Richtig, die eins muß ich zur Zehnerreihe hinzuzählen. Nimmst du die Zehnerreihe mal, Jochen?
Eins und fünf ist?
Sechs!
Und 2?
8!
Und 3, Heinz?
11!
Und 8?
19!

Und o?
19!
Was muß ich hier unten drunter schreiben, unter die Zehnerreihe?
Die 9!
Und was muß ich hier unter die Markreihe schreiben?
Die eins!«
»Wir haben Kinder dabei, die über eine Mark nie hinauskommen«, sagt eine Lehrerin von Geistigbehinderten. »Wenn es ein glattes Geldstück ist, können sie das auch erkennen, fünf Mark beispielsweise oder zwei Mark, aber den Wert kennen sie nicht. Sie wissen nicht, ob fünf Mark mehr Wert haben als zwei Mark oder eine Mark. Den anderen wird mit der Zeit der Wert oder der Betrag bis zwanzig Mark eingehen, und sie werden damit rechnen können. Aber es wird lange dauern. Und wir müssen es immer wieder von neuem üben. Was entsprechend lange geübt wird, sitzt dann vielleicht. Vielleicht wird es aber auch wieder vergessen. Und es wird welche geben, und das sind sicher die meisten meiner Kinder, die eine Handvoll Pfennigstücke mehr schätzen als ein Fünf-Mark-Stück, weil sie den abstrakten Wert des Geldes nie erkennen können. Es ist in vielen Fällen einfach kein Begriff vorhanden.«
Aus den Richtlinien des baden-württembergischen Kultusministeriums zur Erziehung behinderter Kinder geht hervor, daß es in allererster Linie darum geht, sie zur Leistungsfreude, zur Arbeitsbereitschaft und zu angemessener Lebenstüchtigkeit zu führen. So werden die Grundlagen für die spätere Tätigkeit als Hilfskräfte in Fabriken der freien Marktwirtschaft geschaffen. Und dazu gehört nun einmal die Pflege der deutschen Tugenden Fleiß und Anstrengungsbereitschaft, Ordnung und Sauberkeit, Sorgfalt und die planmäßige Arbeitserziehung in der Schulwerkstatt. Nicht humanitäre Einstellung gegenüber den Behinderten spielt die Hauptrolle bei der Vorbereitung für den späteren Einsatz, sondern der Gedanke, auch die leistungsschwachen Schüler zumindest in der Durchführung serien-

mäßiger Einfachstarbeiten zu trimmen, sie zu Leistungssteigerung und guter Dauerleistung zu bringen. Ist es das Ziel der Sonderschulen, aus unbrauchbaren Bildungsschwachen brauchbare Hilfskräfte für die Wirtschaft zu machen?

Natürlich soll keinesfalls darauf verzichtet werden, Sonderschülern durch Leistung eine Art von Selbstbestätigung zu vermitteln. Entscheidend ist jedoch, wer bestimmt, was Leistung ist, mit welchen politischen und wirtschaftlichen Einstellungen und Interessen sie verbunden wird, und letztlich die Frage, ob diese Leistung zuerst einmal den Entfaltungsmöglichkeiten des Sonderschülers dienen soll. Voraussetzung hierfür wäre eine Änderung der Richtlinien, eine Änderung der Lehrpläne für Sonderschulen, soweit sie bestehen, bzw. eine Aufstellung von progressiven, am behinderten Kind orientierten Lehrplänen überhaupt.

Im Ausland wurden bereits Modelle entwickelt, die Anregungen geben könnten. In der Behindertenschule des niederländischen Delft – die einem modernen Rehabilitationszentrum für Erwachsene und Kinder angegliedert ist – besuchen die fast 150 Kinder in der Zeit zwischen 2 1/2 und 20 Jahren die Schule zwischen 9 und 16 Uhr. Sie wohnen jedoch zu Hause, damit die für die kindliche Entwicklung entscheidende Bindung zu den Eltern erhalten bleibt. Für diese Kinder stehen an Personal zur Verfügung: 6 Physiotherapeuten, 3 Arbeitstherapeuten, 2 Ärzte, 2 Logopäden, 1 Psychologe und 1 Sozialarbeiterin. Die in dieser Schule praktizierte Zusammenarbeit verschiedener Fachrichtungen ist mit entscheidend für den Erfolg der Schule, die seit 1959 arbeitet. Wesentlicher Teil des Unterrichts ist die physiotherapeutische Behandlung, die den Unterricht ergänzt und auflockert. Das Training der durch die Behinderung gestörten Körperfunktionen, das auch auf die seelische Stabilität großen Einfluß hat, wird in Gruppen- und Einzeltherapie durchgeführt.

Interessant ist folgende Zahlensammlung: Seit Bestehen der Schule wurden mehr als 50 Prozent berufstätig, 12 1/2 Prozent (also jeder

8. Schüler) gingen an eine höhere Schule und fast 9 Prozent (jeder 12. Schüler) mußte in eine Beschützende Werkstatt aufgenommen werden. In der Bundesrepublik Deutschland sind 80 Prozent – also 4 von 5 Schülern – aller Sonderschüler in einer Sonderschule für Lernbehinderte.

Wie schwierig sich der Unterricht in vielen Bundesländern durch das Fehlen jeglicher Bildungspläne gestaltet, zeigen die folgenden Beispiele einer Klasse von Lernbehinderten. Der Lehrer muß sich das gesamte Material selbst erarbeiten. Hilfe durch Bildungspläne findet er wegen des Fehlens dieser Pläne nirgends. Zum Thema der Umweltverschmutzung hat er mit einer Klasse von 10- bis 12jährigen das Thema wie folgt behandelt:

Zu Beginn des Unterrichts werden Darstellungen verschiedener Arten von Umweltverschmutzung gezeigt.

»Das Bild, der ist da drin.

Und warum hält der die Nase zu?

Staub.

Kommt der Staub von dem Flugzeug?

Nein, das Auto und das Geschäft und das Feuer da, von den Reifen.

Und was machen die?

Die zünden überall Feuer an und dann kommt da der Qualm raus.

Und der Bub?

Der hält die Nase zu. Der rennt fort, weil er Luft braucht.

Weil er frische Luft braucht. Und die kriegt er da nicht.

Wo rennt er denn hin?

Weg. Er will weg.

Aber er kommt nicht aus dem Kreis, er kann nicht fort. Wir haben gestern auch darüber gesprochen und ich habe gefragt, wo habt ihr denn so was schon erlebt? Wo habt ihr so was schon gesehen? Ist es euch auch schon so ergangen? Erzähl mal, Jürgen.

Wir wollten da in das Geschäft, Fenster angucken, und da haben wir den Rauch gesehen, weißen Rauch.

Weißen Rauch hast du gesehen? Hast du ihn auch gerochen?
Nein.
Ja, im Sommer, an manchen Tagen, läßt die Fabrik sehr dichten Rauch ab, und man muß sich also wirklich die Nase zuhalten. Wir haben manche Eingaben gemacht, aber das hat bis jetzt noch nicht viel geholfen. Die haben an dem Schornstein Filter eingebaut, aber es ist nicht viel besser geworden. Das ist also die Fabrik. Zeig mir sie mal auf dem Bild, Georg. Aber nicht nur die Fabrik haben wir in unserer Nähe. Wenn du darüber schaust, was siehst du dann? Da sind die Häuser und das Auto. Und hier, gleich dreißig Meter weg, was ist da?
Die Autos, die Straße. Also, was wir hier auf dem Bild sehen, das ist euch also auch schon passiert, wenn ihr auf dem Fahrrad fahrt. Und da hat auch einer Reifen verbrannt. Wie war das? Erzähl mal!
Ja, der hat da Reifen verbrannt, und der ganze Qualm ist bei uns ins Fenster, hinter uns auf der Wiese. Wir haben das Fenster zugemacht.
Aber da kann man auch noch was anderes machen, was meint ihr? Da kann man noch was anderes machen. Roland, was kann man da noch machen?
Die Polizei holen. Strafe.
Zu dem hingehen. Du gehst zu dem hin und sagst . . . Das darf man nicht machen.
Genau! Er darf nicht in der Nähe von Häusern Reifen verbrennen. Das darf er nicht. Und dann sagt der aber vielleicht: Hau ab! Das geht dich gar nichts an. Du bist ein junger Kerl. Verschwinde, sonst kriegst eine. Was machst du dann?
Dann sag ich, du, mach das Feuer aus, sonst hol ich die Polizei.
Ja sicher, das braucht man sich nicht gefallen zu lassen. Aber auf unserem Bild sind noch zwei, nicht nur die Fabrik und das Auto.
Haus. Haus und Flugzeug.
Martin, da oben rechts.

Das Haus.

Da ist ein Haus, richtig. Guck dir's mal an. Guck dir den Kamin an.

Da kommt der Rauch raus. Und da geht ein Wind und der geht runter. Richtig, der Wind drückt den Rauch herunter. Und dann müssen die Leute rennen. Das ist aber kein Dampf, das ist Rauch. Da unterhalten wir uns ein anderes Mal drüber, was der Unterschied ist. Da kommt also Rauch herunter. Was hat denn der für eine Farbe?

Schwarz. Rot. Nein, braun.

Je nachdem, was die Leute verbrennen. Wenn sie Kohlen verbrennen, dann ist der Rauch schwarz. Und wenn sie Briketts verbrennen?

Auch schwarz.

Nein, braun. Und wenn sie Öl verbrennen?

Schmutz. Grau.

Und wenn sie gerade Feuer anmachen? Mit Holz, beispielsweise? Wie ist dann der Rauch?

Weiß.

Dann ist es weißer Rauch. Der weiße Rauch ist nicht so schlimm, wenn man Holz verbrennt. Der weiße Rauch löst sich gut auf. Aber der schwarze Qualm, der liegt zwischen den Häusern in der Straße drin. Da muß man sich wirklich manchmal die Nase zuhalten. Wenn du in der Stadt wohnst und du rennst weiter, weil aus einem Kamin solcher Qualm herauskommt, was passiert dann? Nützt dir das Wegrennen was?

Auto.

Nein, es nützt dir nichts, weil da unten auch Häuser stehen und weil Autos durch die Straßen fahren. Und Lastwagen. Und manche Leute, die in der Nähe eines Flugplatzes wohnen, die werden nicht nur von dem Qualm und dem Ruß von den Flugzeugen belästigt. Was stört da noch?

Lärm. Krach.

Wir haben gestern noch über ein anderes Problem gesprochen, über die Verschmutzung der Umwelt und der Natur. Und die Kinder haben gesagt, es ist schlimm, wenn man im Wald Zeitungen fortschmeißt und alte Matratzen oder ein Auto stehen läßt. Und um das ein bißchen zu differenzieren, haben wir einen kleinen Versuch gemacht. Jürgen, hol das mal. Und erzähl mir mal, was wir gemacht haben. Da ist also ein Eimer, und nun erzähl mal, was du da rausholst.

Plastik.

Ja, leg's da hin auf den Tisch. Was ist mit dem Plastik passiert?

Das ist naß.

Ja, das ist naß. Und was weiter? Ist die Plastiktüte kaputt? Hat sie ein Loch gekriegt?

Nein.

Kann ich sie noch verwenden?

Ja.

Ist sie noch gut oder ist sie kaputt?

Gut.

Und jetzt das Tempo-Taschentuch?

Naß.

Schneuz dich mal rein. Geht's?

Nein.

Kannst du dich nicht reinschneuzen?

Nein.

Jetzt denk dir mal: wenn du das in den Wald schmeißt, und über Nacht regnet's ...?

Das verschimmelt.

Richtig, das löst sich auf, verschimmelt. Wenn du nach ein paar Tagen wieder hinkommst, dann findest du es nicht mehr. Aber das hier, die Plastiktüte, die bleibt liegen. Und das Papier da, das verschimmelt auch. Es ist noch zu kurz. Wir müssen die Sachen noch

ein oder zwei Wochen in dem Eimer mit Wasser liegen lassen. Aber du siehst jetzt schon, daß das Papier verwest und das Plastik nicht zerstört wird. Wenn du nach einem Jahr kommst, liegt das immer noch so da. Ja, was denkst du, passiert mit dem Stück Holz?
Fault.
Ja, es dauert zwar länger. Aber wir wissen, das Holz verfault. Man sagt, es vermodert. Und was passiert mit dem Eisen?
Verrostet.
Und wenn man da nach ein paar Jahren hinkommt?
Verrostet.
Ja, es verrostet und verrottet, man kann es dann zerbröckeln und zerbröseln und nach zehn Jahren ist es nicht mehr da. Also Metall verrostet, Holz vermodert, Papier verfault, aber Plastik liegt nach hundert Jahren noch so rum. Und nun wollen wir's wegstellen und sehen in einer Woche wieder nach, was daraus geworden ist.«
Ein anderes Beispiel aus einer Klasse 9–10jähriger Lernbehinderter:
»Ihr habt mir die Worte gestern noch einmal gesagt und ich habe sie an die Tafel geschrieben. Wer kann sie vorlesen? Erika, du darfst anfangen zu lesen.
Ein Haus wi wir wird gebaut.
Renate, was haben wir gesehen, zum Beispiel?
Ich weiß, ich weiß was wir gesehen haben.
Was haben wir alles gesehen?
Ein Kraner.
Einen Kran haben wir gesehen, nicht Kraner.
Holz.
Richtig, ja.
Was hat der Kran denn hochgehoben?
Steine.
Was haben wir noch gesehen?
Ein Mann hat mit einem Gerät gearbeitet, was war das?
Ich weiß, ich weiß.

Ja, was war's denn? Ein schweres Wort.
Bohrer.
Nein. Roswitha?
Lochbohrer.
Nein.
Bohrer ist richtig, aber was kommt nach dem Wort Bohrer? Ein anderes Wort, das wir alle kennen. Nun?
Bohrhammer.
Ja, ein Bohrhammer ist das. Was haben wir noch gesehn?
Werkzeuge.
Ja, Werkzeuge haben wir auch gesehen. Und was noch?
Wasserröhrle.
Wasserrohre! Einen ganz großen Stapel haben wir gesehen, von diesem Material.
Schnur. Bretter.
Nein, Holz haben wir ja schon erwähnt. Es ist anderes Material. Was war das, ein ganzer Stapel hat da gelegen?
Eisen.
Ja, Eisen, aber wie geht's weiter? Es war ja nicht nur einfach Eisen, Herbert?
Eisengitter.
Wer weiß denn noch, wie dieses Wort heißt. Dem Andreas ist das oben an der Baustelle aufgefallen. Wie hat das geheißen, das Gerät mit den Schnüren? Andreas, dir ist das aufgefallen. Weiß du's nicht mehr? Oben hat's so Drähte gehabt. Das ist auch ein schweres Wort. Nun, weiß es keiner?
Das war das Schnurgerüst.
Was hat das Schnurgerüst für eine Aufgabe? Wer weiß das noch? Es hat doch etwas daran gehangen.
Oh, ich weiß, am Kraner.
Nein, Andreas, nicht an dem Kran. An dem Schnurgerüst hat unten etwas drangehangen, was war das? Schaut euch doch das Wort hier

an der Tafel einmal an. Wer kann das lesen? Roswitha? Wie heißt denn der erste Buchstabe? Roswitha?

L.

Ja, und weiter?

o.

Zusammen Lo. Ja, und was kommt dann noch?

t.

Und wie heißt das ganze Wort?

Lo Lo Lot.

Ein Lot war das. Der Andreas hat noch was gesehen, was war das noch? Ein Gerät, zum Durchgucken.

Ich weiß, ein Messer.

Nein, fast ist es richtig. Kein Messer, sondern ein Meß-, wer weiß, wie das weiter heißt? Herbert?

Meßgerät. Sprecht alle einmal nach:

Meßgerät.

Und weiter, was haben wir noch gesehen? Wie heißt dieses Wort? Nun, wer weiß es? Womit fängt es an, wie heißt dieser Buchstabe?

H.

Ja und weiter, sprechen wir zusammen: a – m – m – e – r. Und jetzt das ganze Wort nacheinander Hammer. Einen Hammer haben wir gesehen. Das ist jetzt etwas leichter?

Beil.

Und das?

Schaufel.

Und dieses hier?

Säge.«

Der Lehrer erklärt seine Lehrsituation:

»Wir haben die Baustelle besucht, und dann haben wir die Gegenstände geschrieben. Jetzt behandeln wir sie wieder, auch ihre Funktion. Dann dürfen die Kinder alles anmalen. Es gibt ja kaum Material. Die Arbeitsblätter fertigen wir Lehrer uns fast ausnahmslos selbst. Ich habe also einige der Werkzeuge gezeichnet, die die Kinder dann mit Farben ausmalen. Und auch das Rechnen spielt mit herein: ein Hammer, zwei Sägen, ein Kran, hundert Nägel. Es ist halt immer wichtig, daß das Deutsche ständig wiederholt wird. Es gibt viele Schwierigkeiten auch bei »er« und »es« und »sie«, beim Geschlecht. Wir haben manche Dinge fünfzig und hundertmal durchgenommen, und sie verwechseln sie immer noch.«

Die Berichte zeigen exemplarische Schwierigkeiten des Sonderschulunterrichts. Das Lernen wird in diesen Klassen für Praktisch Bildbare zu einem mühsamen, ständig wiederholten Dressurakt, dem ein Teil der Schüler nicht folgen kann. Obwohl die »Richtlinien« wissen, daß der Unterricht der Sonderschüler eine besondere Methodik, ein spezifisches Lehrer-Schüler-Verhältnis, das die Besonderheiten der Kinder berücksichtigt, und ein reiches Anschauungsmaterial erfordert, bleibt der Lehrer oft hilflos an einem abstrakten Einüben eines Lernstoffes hängen, dessen Bezug zur Wirklichkeit mit völlig unzulänglichen Hilfsmitteln herzustellen versucht wird. Oft fehlt den Lehrern die notwendige Spezialausbildung und der Anschluß an neue heilpädagogische Erfahrungen, weil die Kultusministerien die Möglichkeit, Kurse und Lehrgänge an den Pädagogischen Hochschulen zu besuchen, nur einem geringen Teil der Lehrer und Erzieher einräumen. Zwischen den Forderungen der Behörde und den tatsächlichen Möglichkeiten der Kinder bleibt der Lehrer nur zu oft sich selbst und seinen Einfällen überlassen, wie der 2. Bericht zeigt: »Es gibt kaum Material. Die Arbeitsblätter fertigen wir Lehrer uns fast ausnahmslos selbst. Ich habe also einige Werkzeuge gezeichnet, die die Kinder dann mit Farben ausmalen.« Die Ohnmacht des Lehrers ist hier besonders deutlich. Mit selbstgefertigtem Anschauungsmaterial soll er höchst komplizierte Begriffe für Arbeitsmittel einpauken, die das Kind in der Praxis nie kennenlernen kann.

7. Herbert K.: ein Beispiel

In der Bundesrepublik gibt es nach wie vor Zehntausende von behinderten Kindern, die keinen Platz in einer Sonderschule finden, weil Schulen fehlen und weil Lehrer fehlen. Die Wartelisten sind lang. Die Gemeinden Baden-Württembergs aber müssen dem Land pro Jahr 469 Millionen DM an Schulumlagen bezahlen, das Land bezahlt an echten Haushaltsmitteln nur 130 Millionen an Zuschüssen für Schulneubauten und für Schülerbeförderung an die Gemeinden.
Der Begriff »geistige Behinderung« läßt sich nicht klar definieren. Er umfaßt die verschiedensten Störungen. Was wir als geistige Behinderung bezeichnen, ist gewöhnlich aufteilbar in einen primären Defekt und eine Summe konsekutiver Verbildungen, die gesellschaftlicher Art und aus der Individualgeschichte des Kindes heraus begründbar sind. Zu Beginn der Schulzeit oder besser schon vorher sollte daher erst eine entsprechend heilpädagogisch und therapeutisch orientierte Förderungsphase einsetzen, die die sekundär erworbenen und erlernten Fehlverhalten abbaut. Das aber wird in den Schulsystemen aller Bundesländer bisher nicht erkannt.
Erst nach einer solchen heilpädagogisch und therapeutischen Behandlung kann definiert werden, was an organischen Defekten und daraus resultierenden Behinderungen vorliegt. Anschließend müßten sonderpädagogische Maßnahmen einsetzen, die durch Kompensation des Defekts (wenn er irreparabel ist) zu einer gezielten Bildung und Berufseingliederung führen. Wenn aber diese erste therapeutische Phase der Stabilisierung eines Ich-Aufbaus des Kindes nicht geleistet wird, bleiben in den meisten Fällen dauernde sekundäre Hemmungen von diesen unbewältigten psychischen Entwicklungsprozessen zurück, die sich auf den gesamten Lernprozeß des

Kindes negativ auswirken. Man ist dann leicht geneigt, Lernblokkierungen auf äußere Faktoren zurückzuführen, die eigentlich im System begründet sind. Spiel- und Verhaltenstherapien, die die Basis der Persönlichkeitsentfaltung erst schaffen. Zu häufig wird, vor allem bei Behörden, Schulämtern und Kultusministerien, der Begriff Schule mit Schreiben-, Lesen- und Rechnenlernen gleichgesetzt.
Verglichen mit der Deutschen Demokratischen Republik, die in ihrem Schulsystem auf den Grundlagen des ungarischen Heilpädagogen Bauncy aufbaut, beginnt bei uns die Sonderschule mit dem zweiten Signalsystem, einem weitgehend verbalen Bildungssystem. In der DDR werden der Schule gezielte Einzeltherapien und Spielgruppen vorangesetzt, in denen die Kinder in ein bis zwei Jahren erst einmal befähigt werden, sozial stabilisierte Verhaltensweisen aufzubauen, ohne die eine Gruppenarbeit kaum möglich ist. In der Bundesrepublik bringen wir gleich zu Beginn der Schule die Kinder in eine Gruppe, ohne die Qualifikation in einer Aufnahmebeobachtungsstufe, ohne daß vorher das In-der-Gruppe-sein-Können erworben wurde. Wir könnten in dieser Beziehung viel von der DDR lernen, wärend wir bezüglich der Habilitation, der Eingliederung der Behinderten in die Welt der Nichtbehinderten sehr viel lernen könnten von den Niederlanden, Schweden und Dänemark (siehe die Schule von Delft).
Die Problematik wird deutlich, wenn wir nach dem Schulbesuch die Kinder an den Arbeitsplatz entlassen. Wir haben in der BRD nichts zu bieten, keine Wohnungen, keine Arbeitsplätze. Nach jahrelangem Schulbesuch entlassen wir die Jugendlichen häufig in die Pflegeanstalten oder wieder zu den Eltern nach Hause, wo nichts mehr für die Weiterbildung getan wird. So gesehen hätte man dann auch die Sonderschulen einsparen können. Hier wäre es Aufgabe der Lebenshilfe, sich zu engagieren für Wohnheime, in denen man ausgebildeten und in weiten Bereichen selbständigen und qualifizierten Behinderten eine adäquate Lebensmöglichkeit bei gleichzeitiger Betreuung bieten könnte.

Verfolgen wir die Entwicklung eines Sonderschülers, dessen Beispiel die Unsicherheit der Eltern und Behörden und deren gefährliche Folgen für das Kind besonders kraß demonstriert:
Wie andere Jungen und Mädchen seines Alters wurde Herbert K. 1969 in die Grundschule eingeschult, nachdem er bereits ein Jahr zurückgesetzt worden war. Seine Leistungen waren jedoch sehr mangelhaft. Nach 10 Monaten Schulbesuch schrieb der Klassenlehrer nach einem Test in die Personalakte: »Herbert kann nur auswendig gelernte Fibelseiten wiedergeben. Lesen des unbekannten Lesetextes nicht möglich. Einzelne Buchstaben sind bekannt. Synthese gelingt nicht.« Und er gab ihm für ein bekanntes Lesestück aus der ersten Fibelseite die Not 5, für ein unbekanntes Lesestück die Note 6. Der Klassenlehrer empfahl den Besuch einer Sonderschule.
Der zugezogene Prüfer notierte in dem Fragebogen:

Wie alt bist du? schüttelt mit dem Kopf
Wo wohnst du? Wettergasse 63
Wann bist du geboren? –
Wie heißt dein Vater? Woiß i nemma.
Was ist er? Schaffer
Wo arbeitet er? Am Bahnhof
Wie heißt deine Mutter? Erika
Was schafft sie? –
Wieviel Geschwister hast du? –
Wieviel Kinder seid ihr? zeigt zwei Finger
Was tust du am liebsten? lernen, Mötzle bauen, malen
Was tust du nicht gerne? Auto spielen
Der wievielte ist heute? –
Tag: – Monat: – Jahr: –
Was war gestern? Sonntag
Was ist morgen? –
Was ist übermorgen? –

Sage die Wochentage: Montag, Dienstag, Mittwoch, Freitag, Mittwoch, Sonntag, Samstag, Mittwoch
Wie weit kannst du zählen? zählt bis 10 nimmt die Finger zur Hilfe.

Unter »allgemeine Beobachtungen« notiert der Prüfer: Wenig ansprechbar, Kontaktnahme kaum möglich, Arbeitsweise sehr langsam, Artikulation: nickt meist nur.
Intelligenzprüfung (Binetarium)
LA: 8;3 IA: 4;6 IR: 3;9 IQ: 0,55
Mit dem IQ von 0,55 fällt Herbert nach der Stern'schen Klassifikation in den Bereich der Imbezillität. Alle Funktionen der Intelligenz sind erheblich herabgemindert. Ab Jahresreihe 5 wurden nur noch 3 Untertests gelöst. Das Arbeitstempo ist stark verlangsamt.
Schulleistungsprüfung
Die Schulleistungsprüfung bestätigte das beim Test gewonnene Bild. Lesen und Schreiben: Herbert kennt zwar einige Fibelseiten auswendig, aber mit einem unbekannten Prüfungstext weiß er überhaupt nichts anzufangen. Er erkennt nur wenige Ganzwörter, hauptsächlich Namen. Es sind auch nur wenige Buchstaben bekannt. Vier von ihm selbst gewählte Ganzwörter schrieb Herbert richtig, aber sehr ungelenk. Schreiben nach dem Hören ist vollkommen unmöglich! Note: ungenügend.
Rechnen: Herbert zählt automatisch bis 10, aber fehlerhaft. Beim Abzählen von Plättchen, die in Reihen angeordnet sein mußten, vergaß er besonders häufig die Zahl drei. Mengenherstellung gelingt nur bis zwei. Einfaches Zulegen von einem Plättchen gelingt, aber für Rechenoperationen fehlt jegliches Aufgabenverständnis. Note: ungenügend.
Hörprüfung: Flüstersprache 2 m.
Sehprüfung: Visus rechts = 1 Visus links = 1
Vorschlag des Prüfungsleiters
Herbert wurde ein Jahr vom Schulbesuch zurückgestellt. Er ist jetzt

in der ersten Grundschulklasse hoffnungslos überfordert. Bei seiner erheblichen Intelligenzminderung wäre eine Wiederholung sinnlos. Bei Herbert ist zwar eine Bildungsfähigkeit vorhanden, aber sie reicht für die Sonderschule für Lernbehinderte nicht aus. Die beste Förderung könnte Herbert in der Sonderschule für Bildungsschwache erfahren.

Nach der Information und der Besprechung mit den Eltern notierte der Klassenlehrer in der Personalakte: »Die Eltern sind entschieden gegen eine Einweisung ihres Kindes in jegliche Art von Sonderschule. Als Grund geben sie an, daß Herbert dann nicht die nötige Bildung erfahre, um das elterliche Geschäft übernehmen zu können. Außerdem sei es Herbert nicht zuzumuten, die ›Dummenschule‹ zu besuchen (diesen Ausdruck hörte ich in S. zum ersten Mal), weil er dann für sein weiteres Leben abgestempelt sei. Falls die Einweisung in die Sonderschule angeordnet werde, soll Herbert in eine Privatschule geschickt werden, um der Familie die Schande zu ersparen.«

Gegen die Einweisung in eine Sonderschule erhob der Vater Widerspruch und schrieb: »Gegen die obige Verfügung erhebe ich Einspruch. Begründung: Mein Sohn Herbert ist absolut ein normales Kind. Was den geistigen Stand des Kindes betrifft, ist er etwa mit einem 7-jährigen zu vergleichen. Dieser ca. 1 1/2 jährige geistige Rückstand dürfte von einem in früher Jugend erlittenen Schock herrühren. In diesem Zusammenhang sehe ich keinen Grund, das Kind als ›geistesschwach‹ zu deklarieren. Ich bin völlig anderer Meinung und zwar, daß durch die Einweisung des Kindes in die Sonderschule dieser Begriff tatsächlich eingestempelt wird und bei dem Kind für seine gesamte Lebenszeit Minderwertigkeitskomplexe hervorruft. Ich bitte vielmehr, dem Kind die Chance zu geben, die 1. Volksschulklasse zu wiederholen. In diesem Vorschlag sehe ich eine bessere geistige Förderung als in der Sonderschule. Ich möchte Sie abschließend nochmals höflichst bitten, meinem Ersuchen stattzugeben.«

Das Staatliche Schulamt antwortete: »Mit Schreiben vom 13. 7. legten Sie Widerspruch gegen die Einweisung Ihres Sohnes Herbert K., geb. 13. 2. 1962, in die Sonderschule für Bildungsschwache ein. Das Staatliche Schulamt gibt Ihrem Einspruch statt und teilt der Schulleitung mit, daß der Schüler Herbert K. im Schuljahr 1970/71 in der Grundschule in B. verbleibt.«
Herbert blieb in der Grundschule. Das zweite Zeugnis der ersten Klasse, die er wiederholt hatte, wies nur Sechser auf. Es wurden wieder Tests gemacht (Peabody-Picture-Vocabulary-Test, Bunte und Progressive Matrizen, Columbia-Mental-Maturity-Scale), und wieder notierte der Prüfer: »In der allgemeinen Intelligenz, im Wortschatz und in der feinmotorischen Koordination überragt er mehr als 50 Prozent, aber weniger als 69 Prozent der gleichaltrigen getesteten bildungsschwachen Kinder. In der Merkfähigkeit, die durch die Konzentrationsschwäche negativ beeinflußt wird, übertrifft er weniger als 50 Prozent der maßgeblichen Kinder. Behandlungsvorschlag: Umschulung in die Sonderschule für bildungsschwache Kinder und Jugendliche.«
Die Schule teilte den Eltern auf einem vorgedruckten Formblatt mit: »Ihr Kind Herbert hat während des Besuchs der Grundschule den Eindruck erweckt, bildungsschwach zu sein, und wurde dem Leiter der oben bezeichneten Sonderschule für bildungsschwache Kinder und Jugendliche gemeldet.«
Der Vater erhob wieder Einspruch. Das Staatliche Schulamt schrieb zurück: »Sie haben gegen die Feststellung der Sonderschulpflicht in der Sonderschule für bildungsschwache Kinder und Jugendliche Einspruch erhoben. Aufgrund Ihrer persönlichen Vorsprache wird Ihrem Einspruch stattgegeben. Das Staatliche Schulamt hebt mit Wirkung vom 5. 8. 1971 die Feststellung der Sonderschulpflicht in der Sonderschule für bildungsschwache Kinder und Jugendliche auf und stellt dafür die Sonderschulpflicht in der Sonderschule für lernbehinderte Kinder und Jugendliche fest. Sie werden gebeten, Ihr

Kind, das ab 14. 9. 71 gastweise die Sonderschule für Lernbehinderte in S. besucht, dort endgültig anzumelden.«

Wenige Wochen vorher hatte die pädagogisch-psychologische Prüfung stattgefunden. Der Prüfer stellte anschließend fest: »Herbert kommt sehr sauber und gut gekleidet mit der Mutter zur Prüfung. Er ist höflich und freundlich und nimmt zwar Kontakt mit dem Prüfer auf, verhält sich aber mißtrauisch und gehemmt. Die Mutter macht einen unfreundlichen Eindruck, wirkt lieblos und zeigt sich entsetzt, wenn Herbert falsche Antworten gibt. Dadurch löst sie Unsicherheit und Angst aus. Ich mußte sie daher ermahnen, zurückhaltender zu sein.

Die körperliche Entwicklung ist normal. Es liegt ein leichter Strabismus vor.

Von der Mutter erfahre ich folgendes: Mit 5 Monaten mußte Herbert wegen eines Bruches ins Krankenhaus zur Operation eingeliefert werden. Als er 3 bis 4 Jahre alt war, wurde er von einem Moped erfaßt und erlitt eine Gehirnerschütterung. Angeblich blieben keine negativen Folgen zurück. Die Familie hält Herbert für normal begabt und ist erstaunt, daß er dem Bildungsgang der Grundschule nicht zu folgen vermag. Deshalb zogen sie einen Arzt zu Rate. Ein kürzlich durchgeführtes Enzephalogramm zeigte Abnormitäten, und deshalb muß der Junge demnächst zur Beobachtung ins Krankenhaus. Die Eltern hoffen nun auf Medikamente, die die Intelligenz günstig beeinflussen.

Die Klassenlehrerin berichtete, daß der Schüler zu Beginn des Schuljahres sehr aggressiv war und häufig Wutanfälle bekam. Damit er sich nicht immer blamieren muß, wird er im Unterricht kaum mehr drangenommen. Dadurch wurde er ruhiger und die Mitschüler ärgern und verspotten ihn nicht mehr. Die schulischen Leistungen sind in allen Fächern ungenügend. Neue Situationen erfaßt Herbert sehr langsam, auch beim Spielen zeigt er sich hilfslos. Er ist in der Grundschule völlig überfordert.

Intelligenzleistungsprüfung:
Herbert wurde voriges Jahr mit dem Binetarium getestet und ein IQ von 0,55 errechnet. Ich lege die Testbatterie von Bondy vor.
Herbert arbeitet hastig und unüberlegt. Nach kurzer Zeit lassen Konzentration und Spannkraft nach und er rät mehr, als er denkt.
Die ungeduldige Mutter ermahnt ihn aufzupassen, aber sie kann das Ergebnis nicht positiv beeinflussen; denn der Junge nickt willig mit dem Kopf, ändert aber seine Haltung nicht. Zum Schluß fängt er beinahe an zu weinen. Deshalb breche ich die Prüfung ab und bestelle ihn auf einen späteren Termin.
Diesmal ist die Mutter bei der Prüfung nicht dabei. Der Junge zeigt sich willig, und weil ich ihn häufig lobe, gewinnt er Vertrauen. Die Leistungen fallen nicht besser aus, die Konzentration ist mangelhaft.
Zusammenfassung und pädagogische Vorschläge:

Herbert wurde ein Jahr vom Schulbesuch zurückgestellt und besuchte zwei Jahre die Klasse 1 der Grundschule in S., ohne die geringsten Erfolge zu erzielen. Die Klassenlehrerin erklärte, daß Herbert seit längerer Zeit im Unterricht nicht mehr stört, aber nicht in der Lage ist mitzuarbeiten. Er hat große Schwierigkeiten bei der Erfassung einer Situation und zeigt sich auch beim Spielen hilflos.
Der IQ beträgt 0,5 (getestet am 11. 5. 70 von Herrn P.). Der Prozentrang, errechnet aufgrund der Testbatterie von Bondy, bewegt sich zwischen 30,8 und 62,9. Die größten Ausfälle zeigen sich bei der Merkfähigkeit. Das Ergebnis wird durch die Konzentrationsschwäche negativ beeinflußt. In der Intelligenzleistung liegt Herbert etwas über dem Durchschnitt der getesteten gleichaltrigen bildungsschwachen Kinder.
Die geistige Behinderung ist so stark, daß Herbert dem Bildungsgang der Sonderschule für Lernbehinderte nicht gewachsen ist. Er müßte dort in Klasse 1 anfangen und gehört dem Alter nach bereits in die 4. Klasse.«

Unter »Vorschlag an das Staatliche Schulamt« wird notiert: »Die Eltern werden Einspruch erheben. Weil der Junge noch keinen Versuch in der Sonderschule gemacht hat, wird man wohl dem Einspruch stattgeben müssen.«

Das Staatliche Gesundheitsamt konstatierte am 16. 8. 71 aufgrund der ärztlichen Untersuchung lakonisch: »Der oben Genannte wurde am 16. 8. 71 entsprechend der erwähnten Verordnung amtsärztlich untersucht. Es ergab sich hierbei folgender Befund: Schwerer geistiger Entwicklungsrückstand bei Hirnschädigung.« Und das Staatliche Schulamt kommt nun, am 23. 9. 71, zu der Überzeugung: »Aufgrund der pädagogisch-psychologischen Prüfung und des Ergebnisses der amtsärztlichen Untersuchung wird festgestellt, daß das Kind Herbert K. sonderschulbedürftig ist und daß für dieses die Sonderschule für bildungsschwache Kinder und Jugendliche geeignet ist.«

Nach der Einschulung in die Sonderschule trägt der Rektor in dem Personalbogen ein: »Die Eltern kamen zu einer Aussprache in die Schule. Sie sind sehr uneinsichtig. Erst nach langer Unterhaltung geben sie zu, daß der Junge in der Grundschule überfordert ist. Die Umschulung in die Sonderschule für bildungsschwache Kinder und Jugendliche wird völlig abgelehnt. Sie verlangen die Versetzung an die Sonderschule für lernbehinderte Kinder und Jugendliche. ›Schließlich leben wir in einer Demokratie und dürfen mitreden‹, meint der Vater. Er sieht nun ein, daß er im vorigen Jahr falsch handelte, als er die Rückversetzung forderte.«

Der Rektor der Sonderschule für Lernbehinderte, die Herbert nun besuchte, schreibt den Eltern am 8. 11. 72: (Entwurf) »Seit dem Elternabend ist eine geraume Zeit vergangen. Ich habe Ihnen versprochen, Herbert zu beobachten und Ihnen Mitteilung zu geben über sein Verhalten. Ich kann leider von keinen Fortschritten berichten. Vermutlich fühlt sich Herbert durch die Anzahl und Leistungsfähigkeit der anderen Kinder an die Wand gedrückt. Er verhält sich äußerst unangepaßt und aggressiv. Keine einzige Anweisung von mir führte er auf Anhieb durch. Meist gar nicht oder nur teilweise und sehr unwillig. Täglich kommt es zu handfesten Händeleien zwischen ihm und einigen Kameraden, meistens durch Herbert angeregt, da er sich von irgend jemand immer zu unrecht behandelt fühlt. Die Händeleien nehmen teilweise gefährliche Formen an (in den Magen boxen, einen Gegenstand auf den Kopf schlagen), die ich nicht länger den anderen Kindern gegenüber verantworten kann. Wir sind hier in der Schule keine Bewahrungsstätte. Jeder sollte sich entfalten können, seelisch und geistig. Für Herbert scheint die gegebene schulische Situation keine geeignete Voraussetzung zu sein. Und mit seinem Verhalten schränkt er auch die anderen Kinder sehr in ihren Möglichkeiten ein. Ich bitte Sie, am Dienstag, 21. 11., um 10 Uhr bei mir in der Schule vorbeizuschauen. Sie können gerne die 4. Stunde über im Unterricht bleiben. Ich bin mir im klaren, daß dies keine Schulsituation sein kann wie sonst. Alle Kinder, auch Herbert, werden sich natürlich gehemmter verhalten als sonst. Trotzdem ist es sehr wichtig, daß wir uns über Ihren Sohn unterhalten. Ich denke, daß dies auch in Ihrem Interesse ist.«

Der Verhaltens- und Leistungsbericht über Herbert K. für die Zeit vom 13. 9. bis 26. 11. (von der Sonderschule für Lernbehinderte):

»Herbert ist jetzt 10;10 Jahre und besucht derzeit die Klasse 2 der Sonderschule für lernbehinderte Kinder und Jugendliche in S. bereits zum 2. Mal. Voraussichtlich wird er das Ziel der Klasse wieder nicht erreichen.

Er wurde 1968 vom Schulbesuch zurückgestellt. Am Ende des 1. Schuljahres wurde er wegen allgemeinem Schulversagen und aggressivem Verhalten in der Klasse zur päd.-psych. Überprüfung gemeldet. Diese stellte im Mai 1970 mit dem BBN einen IQ von 0,55 fest (IA = 4;6 Jahre, IR = 3;9 Jahre) und schlug die Einschulung in die Sonderschule für Bildungsschwache vor. Von den Eltern wurde dagegen Einspruch erhoben und eine Wiederholung des ersten

Schuljahres verlangt. Am Ende dieses Wiederholungsjahres überprüfte Herr K., Leiter der Sonderschule für Bildungsschwache, Herbert mit dem TBGB. Das Ergebnis zeigte, daß Herbert etwa dem Leistungsdurchschnitt der Geistigbehinderten entsprach. Auch er hält deshalb eine Beschulung in einer solchen Schule für angebracht. Die Eltern bitten jedoch darum, daß zuvor der Versuch in der Sonderschule für lernbehinderte Kinder und Jugendliche gemacht wird. Er wird dort in die 2. Klasse eingestuft, deren Ziel er nicht erreicht hat. Um auszuschließen, daß seine schwachen Leistungen auf das schlechte Lehrer-Schüler-Verhältnis zurückzuführen ist, soll Herbert, nach Aussage von Herrn L., bei seinem Nachfolger nochmals eine Chance der Bewährung bekommen.

Es gelang mir nicht, irgendeinen emotionalen Kontakt zu Herbert herzustellen. Jeder persönlichen Zuwendung bei einer Arbeit oder zu einem Gespräch begegnete er ängstlich-ablehnend oder aggressiv-zurückweisend. Auf Zeichen meines Vertrauens oder meiner Zuneigung zu ihm verhielt er sich indifferent oder ablehnend, konnte sie aber nicht erwidern. Er erweckt den Eindruck, weder an der schulischen Arbeit noch am Spielen oder Feiern Freude zu haben. Im Gegenteil scheint er wie unter einem inneren Zwang zu handeln, wenn er jede Bitte oder Aufforderung meinerseits zu einem bestimmten Tun unter Protest ablehnt und fast grundsätzlich etwas anderes tun möchte (wenn wir basteln, will er malen, haben wir Rechnen, will er basteln). Wenn dann seinen Wünschen nicht entsprochen wird, drückt er seinen Unwillen dadurch aus, daß er entweder nichts mehr tut und von seinem Platz aufsteht, um wütend im Zimmer herumzuschreien, oder daß er einpackt und sich vors Klassenzimmer stellt.

An gemeinsamen Spielen nimmt er nie spontan teil. Erst nach längerer Beobachtungszeit gesellt er sich an den Rand des Spielgeschehens. Auf meine Bitte hin, doch mitzumachen, zieht er sich sofort wieder zurück. Außer mit seinem Nebensitzer nimmt er zu keinem Mitschüler von sich aus Kontakt auf. Wird er von einem Mitschüler angesprochen, reagiert er meist mit Kraftausdrücken oder Um-sich-Schlagen, so als ob ihn ständig jemand angreifen würde. Vermutlich fühlt er sich seinen Kameraden gegenüber doch sehr unterlegen und weiß sich anders nicht zu helfen, als aggressiv zu reagieren. Die jüngeren Kinder meiden deshalb von sich aus den Kontakt zu ihm. Die Gleichaltrigen nehmen ihn nicht ernst, lassen es aber gern auf einen handfesten Streit ankommen.

Daß seine Aggressionen und Verhaltensauffälligkeiten aus einem Unterlegenheitsgefühl heraus resultieren, zeigen auch seine Versuche, die Kleineren und Schwächeren hinterrücks anzufallen, am Hals zu drücken oder zu schlagen, ohne von diesen in irgendeiner Weise belästigt worden zu sein.

Seine Unterlegenheit spürt Herbert nicht nur im sozialen Umgang, sondern auch in seiner Leistungsfähigkeit. So wäre es auch zu erklären, daß er ständig etwas anderes machen möchte als seine Mitschüler, um bei dem zwangsläufigen Vergleich zu seinen Kameraden nicht ständig schlechter abschneiden zu müssen. Ebenso könnte sein Unwille, eine neue Aufgabe auch nur zu versuchen, so erklärbar sein, daß er damit von vornherein jede Versagersituation ausschließen möchte. Soll er Aufgaben probieren, die er nicht ohne Anstrengung bewältigt, so hört er nach kürzester Zeit auf. Seine Anstrengungsbereitschaft ist durch die Angst vor dem Versagen blockiert.

Das zeigt sich u. a. im Rechnen, wo er noch im Zahlenraum bis 5 nur mit Anschauungsmitteln rechnen kann. Ebenso im Lesen und Schreiben von einfachen und bekannten Buchstabenverbindungen, die etwas abgewandelt als neue Wörter erscheinen. Hierbei versagt er und zeigt obengenannte Verhaltensformen. Sind ihm, und u. a. seiner Mutter die Wörter bekannt, die als Diktat geschrieben werden sollen, dann muß er so lange üben, bis er alle Wörter fehlerlos auswendig kann. Im Zeichnen entwickelt er Vorstellungen eines 4- bis 5jährigen, sowohl in der räumlichen Anordnung von Dingen als auch in der Gestaltung von Gegenständen. Im Werken läßt er sich keine technischen Verbesserungen zeigen. Er bleibt stets bei der einmal gefundenen Form. Im Umgang mit der Schere ist er noch sehr ungeschickt. Mündlich arbeitet er nicht mit. Wird er zu einer Überlegung und Äußerung aufgefordert, antwortet er mit ›weiß net‹ oder senkt einfach den Kopf. Die Leistungen in allen Fächern zeigen einen Mangel an Abstraktionsfähigkeit und einen hohen Grad an Rigidität.

Herbert müßte jetzt eigentlich, trotz Zurückstellung vor der Beschulung, in der 4. Klasse sein. Er konnte aber am Ende des letzten Schuljahres nicht von der 2. in die 3. Klasse der Sonderschule versetzt werden, so daß er mit 10 Jahren und 10 Monaten noch mit Mühe in der 2. Klasse mitmacht. Eine solche schulische Situation, die den Jungen schon seit über drei Jahren leistungsmäßig überfordert, mußte zwangsläufig Verhaltensstörungen hervorrufen, die z. T. bereits irreparabel sein dürften. Um weitere Schäden, die das Kind in seinem späteren Leben in seiner sozialen und beruflichen Eingliederung schwer belasten würden, zu vermeiden, möchte ich dringend vorschlagen, Herbert in die Sonderschule für Bildungsschwache einzuschulen.

Der Vater wurde bei einem Elternabend, vier Wochen nach Schuljahresbeginn, auf diese bereits damals sich abzeichnende Situation aufmerksam gemacht. Er bestätigte, daß auch Herr L. dieselben Auffälligkeiten beobachtet hatte. Der Vater betonte jedoch, daß sich Herbert zu Hause völlig vernünftig und angepaßt verhalte (verständlicherweise!), und wollte nicht einsehen, daß sein Sohn evtl. am falschen Platz sei in dieser von ihm besuchten Schule. Er bat mich, seinen Sohn noch eine Zeitlang zu beobachten und ihm das Ergebnis zu berichten. Das Resultat, u. a. aber die Gefahr, die Herberts aggressives Verhalten den Kleineren gegenüber bedeutet, wurde den Eltern in einem eingeschriebenen Brief mitgeteilt. Die Mutter, die – gebetenermaßen – zum erstenmal in der Schule erschien, hatte den Brief ihrem Mann jedoch nicht gezeigt, da dieser immer noch die Hoffnung hege, ›daß aus seinem Sohn noch etwas werde!‹ Ich gab ihr davon Kenntnis, daß ich einen Bericht über Herbert ans Staatliche Schulamt schicken werde, mit dem Vorschlag einer Umschulung in die Sonderschule für Bildungsschwache. Die Eltern wurden bei einem Hausbesuch über den Inhalt des Berichtes informiert. Nach einem langen Gespräch sind die Eltern mit der Umschulung einverstanden.«

Am 7. 12. 72 vermerkte die Klassenlehrerin abschließend: »Die Eltern sind schließlich mit der Überweisung in die Sonderschule für Bildungsschwache einverstanden, in der Hoffnung, daß sich mit der Lösung seiner (Herberts) psychologischen Zwänge auch seine Leistungsfähigkeit steigert.«

Seit Mitte Januar 1973 besucht Herbert die Sonderschule für bildungsschwache Kinder und Jugendliche oder, wie die offizielle Formulierung lautet, die Sonderschule für Praktisch Bildbare. Seine Klassenlehrerin faßt den ersten Eindruck nach zwei Wochen Schulzeit zusammen: »Sein Äußeres läßt Aggressionen erwarten. Bis jetzt ist er jedoch in keiner Weise renitent geworden; im Gegenteil scheint er sich wohlzufühlen und paßt sich bis jetzt ausgezeichnet an.«

Die Fehlentwicklung Herberts nur dem uneinsichtigen Verhalten der Eltern anzulasten, wäre sicher kurzsichtig. Die Ursachen liegen tiefer. Die meisten Eltern in unserer Konkurrenzgesellschaft orientieren sich an einem Leistungsdenken, das sie ungeprüft als Druck an die Kinder weitergeben. Herberts Vater nutzte lediglich etwas gründlicher als sozial schwächere Eltern das Elternrecht, um sein Kind den gesellschaftlichen Normen anzupassen. Als Geschäftsinhaber, Angehöriger des gewerbetreibenden Mittelstands, vertritt er dabei besonders starr das Vorurteil der Gesellschaft, daß Abweichung von der Norm »Schande« sei. Indirekt wird er darin durch die wiederholten Fehlentscheidungen des Schulamts bestätigt. Offensichtlich fällt es der Behörde trotz der negativen Prüfungsergebnisse leichter, den Wunschvorstellungen der Eltern – mit denen man sich, da sie nicht »asozial« sind, leicht identifizieren kann – zu folgen als dem Interesse des Kindes. Auffallend ist allerdings auch, daß die Prüfungen jeweils nur die äußeren Symptome des Lernverhaltens erfassen. Wie weit die permanente Prüfungssituation: zu Hause, in der Schule, bei den Tests, das Kind verstörte, wird nicht erfaßt. Die Leistungseinschätzung Herberts bleibt deshalb fragwürdig.

Um solche für alle Beteiligten qualvollen Prozesse zu vermeiden, wäre es zunächst einmal notwendig, den Eltern zu einer intensiven Beratung durch qualifizierte Fachleute die Möglichkeit zu geben, sich mit der für sie sicher nicht einfachen Situation auseinanderzusetzen. In einer längeren Beobachtung durch Psychologen und heilpädagogische Maßnahmen müßte unter Berücksichtigung der psychischen Belastung durch Eltern, Schule und Behörden die Bildungsfähigkeit Herberts genauer bestimmt werden. Erst dann wäre eine adäquate Schuleinweisung möglich.

8. Neue Modelle und Schwierigkeiten

Erste vorsichtige Schritte in Richtung einer Gemeinschaftserziehung von behinderten zusammen mit nichtbehinderten Kindern werden in München gemacht. Der Münchener Kinderarzt Prof. Theodor Hellbrügge hat vor einigen Jahren damit begonnen. In der damals ersten Klasse für mehrfach behinderte, verschiedenartig behinderte und gesunde Kinder in der Bundesrepublik werden acht gesunde und zwölf behinderte Jungen und Mädchen gemeinsam unterrichtet. Hellbrügge ist der Meinung, daß »wir für das behinderte Kind unbedingt das Vorbild und die Anregung durch das gesunde benötigen und für das gesunde Kind die soziale Aufgabe, die das behinderte Kind ihm stellt«.

Die Idee Hellbrügges könnte einen neuen Abschnitt im Sonderschulwesen der Bundesrepublik einleiten. Aber, wie zu erwarten, sind die Schwierigkeiten groß. Zwar lernen behinderte mit gesunden Kindern begeistert miteinander, arbeiten und verstehen sich, werden Diskriminierungen abgebaut und wird Verständnis für diese Gruppe der Benachteiligten geweckt. Doch die Bayerische Regierung ist keineswegs begeistert. Der Jurist Dr. Dieter Schade, Schulrechtsreferent bei der Regierung in Oberbayern, sagt: »Hellbrügge handelt rechtswidrig«, und andere Beamte erklärten sich gegen den weiteren Ausbau und sprachen von stillosem schulischem Geschehen. Die Anerkennung, die er im eigenen CSU-regierten Land nicht findet, findet er im Ausland. In seinem Gästebuch haben sich Besucher aus Genf und Sofia, Prag und Basel, Bozen und Bratislawa, aus den USA, Irland und Holland eingetragen. Aber auch in anderen Bundesländern verfolgt man aufmerksam seine Versuche, die ganz sicher ein pädagogisch bedeutsames Modell sind.

Allerdings sieht es im hohen Norden nicht viel besser aus. Wer immer noch glaubt, daß der Ruf des Bundeslandes Hamburg, in Bildungsfragen stets vorne zu sein, berechtigt sei, sieht sich in vielen Fällen enttäuscht. 1972 wurde in Hamburg ein Sprachheilzentrum geschaffen, eines der wenigen mit einem Realschulzug. Die Wirklichkeit dieser scheinbar so progressiven Einrichtung aber sieht trostlos aus. Das Sprachheilzentrum ist ein – fast ist man geneigt zu sagen – verkommener Backsteinbau aus dem Jahre 1883, der sogar von Senator Apel als »Bruchbude« bezeichnet wurde. Neben diesem Heilzentrum mit 147 Schülern in elf Klassen stinkt eine Wurstfabrik, und gegenüber liegen die Messehallen. Der Schulhof ist klein, betoniert und häßlich eingezäunt, in der Nachbarschaft gibt es außerdem eine Regenmantelfabrik und einen Schlachthof. So trostlos wie die Umgebung ist auch die Schule selbst: seit 1958 wurde nichts mehr renoviert, weil »man ja in Kürze umzieht«. Das Schlimmste aber: An dieser Schule vorbei braust der mit 85 Phon recht beachtliche vierspurige Großstadtverkehr.

Trotz eines hohen Etats und der Einrichtung eines Sprachlabors für 40 000 DM, trotz modernster Geräte, Symptom- und Ursachenforschung kann die Diskrepanz zwischen Wirklichkeit und Zielvorstellung nicht übersehen werden. Das neue Sprachlabor hat überhaupt keine Lernprogramme außer denen, die bereits in der Schule entwickelt wurden, und es fehlen drei Mitarbeiter, die nur Programme zu entwerfen, zu überprüfen und zu standardisieren hätten. Ähnliches gilt auch für das Forschungsteam in Eppendorf, wo ohne neue Aufgaben die Personal-Fehlliste von Jahr zu Jahr länger wird. Es soll nicht verschwiegen werden, daß die Heilungsquote mit rund 50 Prozent gut ist, doch könnte sie nach Beseitigung der Fehler und Mängel und nach Behebung des Personal-Notstands wahrscheinlich wesentlich vergrößert werden.

In diesem Zusammenhang muß auch das Südwestdeutsche Rehabilitationszentrum für Kinder und Jugendliche in Neckargemünd erwähnt werden, das noch im Bau ist. Man geht hier davon aus,

daß das behinderte Kind in seiner besonderen Situation besondere Hilfen braucht und daß seine Entwicklung durch die Antwort der Umwelt auf seine Bedürfnisse bestimmt wird. Es ist in seiner körperlichen Entwicklung auf intensive ärztliche Betreuung und physiotherapeutische Behandlung angewiesen, und seine psychische Entwicklung ist von der Möglichkeit abhängig, den eingeengten Erfahrungs- und Vorstellungsraum zu erweitern und damit den Mangel an Beweglichkeit, Sinneswahrnehmung und sprachlicher Verständigung auszugleichen. Die Rolle des Schwachen und Hilfsbedürftigen muß überwunden werden, wenn eine selbständige soziale Entwicklung eingeleitet werden soll.
Aus der Erkenntnis dieser Tatsachen entstand das Konzept für das Bildungs- und Ausbildungszentrum, das gleichzeitig Diagnose- und Behandlungszentrum sein wird, in dem ausreichend für differenzierte Förderung und spezielle Behandlung gesorgt sein soll. Die Träger sind die Kultusministerien von Baden-Württemberg und Rheinland-Pfalz, die Bundesanstalt für Arbeit in Nürnberg, die Arbeits- und Sozialministerien von Baden-Württemberg und Rheinland-Pfalz und die Bundesministerien für Arbeit und Sozialordnung, für Bildung und Wissenschaft und für Jugend, Familie und Gesundheit.

Das Zentrum wird behinderte Kinder und Jugendliche aufnehmen,
die wegen der Art, der Schwere oder der besonderen Auswirkungen ihrer Behinderung in anderen Sonderschulen nicht gefördert werden können;
die in ihrem Wohngebiet keine sonderschulische Einrichtung haben;
deren Mehrfachbehinderung die Zusammenarbeit mehrerer spezialisierter Fachkräfte erfordert;
deren äußere Lebensbedingungen den Aufenthalt in einer Heimsonderschule nahelegen (z. B. fehlendes Elternhaus, mangelnde Entwicklungsimpulse, Milieuschäden);

deren Begabung eine pädagogische Förderung über den Hauptschulabschluß hinaus bis hin zur Hochschulreife möglich macht;
für die eine ihrer Behinderung angemessene qualifizierte Sonder-Berufsausbildung notwendig ist;
die über längere Zeit hinweg bildungsbegleitende Leistungen des Arztes, des Psychologen, des Sozialtherapeuten, des Sozialpädagogen und anderer Fachkräfte brauchen.

Geplant ist die Einrichtung in Zusammenarbeit mit der Universität Heidelberg für 60 Plätze im Sonderschulkindergarten, 160 Plätzen in der Grundschule, 100 in der Haupt-, 120 in der Realschule und 180 Plätzen im Gymnasium. Weiter kommen hinzu in der kaufmännischen Berufsschule 90, in der Berufsschule für elektronische Berufe ebenfalls 90, für feinmechanische 45, für technisch-zeichnerische 45 und für Berufe der elektronischen Datenverarbeitung auch 45. Das ergibt insgesamt Plätze für 935 Kinder und Jugendliche. An Patienten wird es bei dem Fehlen solcher Einrichtungen im Bundesgebiet nicht mangeln. Der größte Nachteil dieses einzigen Rehabilitationszentrums in der BRD wird sein, daß nur ein kleiner Teil der Behinderten hier gefördert werden kann.
Im Frühjahr 1972 hat das Kultusministerium Baden-Württemberg eine Umfrage in 102 Sonderschulen des Landes gemacht und dabei festgestellt, daß eine Lehrkraft je Schülergruppe nicht ausreicht, weil die Kinder den ganzen Tag über betreut werden müssen. Es hat sich weiter herausgestellt, daß bei vielen der befragten Schulen sogenannte Vormerklisten geführt werden, weil sie aus personellen und räumlichen Gründen nicht alle Kinder aufnehmen können, die der Unterrichtung und Betreuung in Sonderschulen bedürfen. Rund 40 Prozent der etwa (geschätzten) 7500 geistig behinderten Kinder werden noch nicht regelmäßig in Schulen betreut.
Diese Situation ist in anderen Bundesländern ähnlich. In keinem Land, und mögen die Schulen selbst noch so gut und die Lehrkräfte

noch so gründlich ausgebildet sein, reichen Schulen und Lehrkräfte für die behinderten Kinder aus. Das Fehlen von Sonderschulkindergärten – und hier besteht zweifellos der größte Mangel – trägt erheblich dazu bei, daß die Kinder auch später in den Schulen den Grad an Bildung nicht erreichen, den sie bei entsprechenden Vorschuleinrichtungen erreichen könnten.

9. Behinderte und Gesellschaft

Im September 1971 wurde in Lindau der 80jährige Landgerichtsdirektor a. D. Waldemar von Thomsen von zwei Polizisten vom Gelände des Kindergartens Lindau-Reutin geführt. Der 80jährige Jurist und der 55jährige Volksschuldirektor Konrad Fuchs, beide Nachbarn des evangelischen Kindergartens, waren die »Anführer« eines Kleinkriegs gegen den Kindergarten, gegen deren Kinder sie zu Felde zogen. Sie monierten das »sinnlose Geschrei und Herumspringen« der Kinder. Sie kritisierten das Personal, das der Aufsichtspflicht nicht nachgekommen sei, und beanstandeten, »daß die Kinder zuweilen frei durch die Gegend rennen, mit Schaufeln auf den Sandkasten schlagen und auf Mülltonnen hämmern, daß das Türenschlagen mit einem ausgedienten VW auf dem Spielplatz einen Höllenlärm verursacht, und daß es in diesem Kindergarten so viel Krach gibt wie auf einem Übungsplatz der Bundeswehr«. Der Rektor vermißt, daß keine Liedlein gesungen und keine Spiele gemacht werden.

Kirche, Stadt, Parteien und Bürger mischten sich ein, Versammlungen wurden einberufen, Gegenaktionen gestartet, die Lokalpresse nahm sich des Falles an. Schließlich kamen Briefe zutage, die von Thomsen und Fuchs an den Landesbischof Dietzfelbinger geschrieben hatten und in denen sie baten, endlich wieder für »menschliche Verhältnisse« zu sorgen.

Hier handelte es sich – um es nochmals zu betonen – um einen evangelischen Kindergarten; nicht um einen »linken Kinderladen« und nicht um einen Kindergarten für behinderte Kinder. Wenn aber die Reaktionen Erwachsener bei normalen Kindern solche Ausmaße annehmen, wie verhalten sich Nachbarn, Stadt oder Gemeinde, wie verhält sich die Gesellschaft gegenüber den Outsidern?

Der Caritasverband plante im Frühjahr 1970 im Raum Schwäbisch Gmünd ein 40-Millionen-Projekt, das ein Wohnheim für etwa 300 geistig und körperlich behinderte Kinder, eine Sonderschule mit einem Sonderschulkindergarten und Wohnheimen für jeweils hundert Erwachsene und Jugendliche mit den entsprechenden Beschützenden Werkstätten umfassen sollte. Geplant war ferner eine medizinische Station mit 30 Krankenbetten und eine berufsbegleitende Fachschule zur Ausbildung von Heilerziehungshelfern und Pflegern. In Schwäbisch Gmünd existieren sowohl eine Pädagogische Hochschule als auch ein Kindergärtnerinnenseminar. Aus diesen Gründen hielt die Caritas die Stadt Schwäbisch Gmünd selbst oder eine der angrenzenden Gemeinden für den geeigneten Standort. Der Antrag des Caritasverbandes aber, den Heimkomplex auf dem Gebiet der Gemeinde Großdeinbach zu errichten, wurde vom Gemeinderat in einer Sitzung mit zehn gegen eine Stimme abgelehnt, obwohl sich vorher die Grundstückseigentümer bei entsprechenden Verhandlungen zum Verkauf an die Caritas bereit erklärt hatten.
Als jedoch in der Bevölkerung das Vorhaben der Caritas bekanntgeworden war, hatte sich eine breite Abwehrfront gebildet. Einem Gemeinderatsmitglied war sogar Mord angedroht worden für den Fall, daß er dem Projekt zustimmen würde. Unter dem Druck der öffentlichen Meinung der überwiegend katholischen Bevölkerung stimmte der Gemeinderat von Großdeinbach in nichtöffentlicher Sitzung ab.
»Wir können feststellen, daß Eltern geistig behinderter Kinder allein durch die Tatsache, daß sie ein behindertes Kind haben, sehr schnell in eine gesellschaftliche Isolation kommen«, erklärt der Fachreferent für Geistigbehinderte im Verband Deutscher Sonderschulen, Georg Feuser. »Und da sind nun zwei Mechanismen, von denen häufig einseitig nur einer gesehen wird, nämlich der einer tradierten Fehleinstellung und Ablehnung Behinderten gegenüber, die noch zum großen Teil aus unserer Dritten-Reich-Vergangenheit stammt.

Sie ist aber, wenn man eindeutige pädagogisch-geschichtliche Werke liest, als tradiert aus dem Mittelalter und der kirchlichen Einstellung den Behinderten gegenüber anzusehen, daß er entweder wie bei der Epilepsie mit der Bezeichnung der Heiligen Krankheit ausgezeichnet und in eine gottähnliche Funktion gebracht wird, oder aber – was durch die Inquisitionsgerichte bewiesen wird – in eine Verteufelung. Hier liegt also schon ein überliefertes Gut an Fehleinstellungen vor, das sich nun natürlich massiv kolportiert hat und auch wieder nachträglich verfestigt in den Geschehnissen im Dritten Reich. Diese Dinge werden unterschwellig heute noch wirksam, und mir scheint's sehr unterstützt dadurch, daß die Menschen große Schwierigkeiten haben, einen Sinn im Leben eines Behinderten zu sehen. Und das, was sinnvoll ist, wird gemessen an Fernsehen, Kraftfahrzeug oder an Urlaub in der typischen Leistungsgesellschaft, wo man dem Individuum in seiner Existenz kaum noch Spielbreite zugesteht.«

Über den Widerstand der Bevölkerung gegen die Behinderten sagt Georg Feuser aus eigener Erfahrung: »Wir hatten in Frankfurt keine Möglichkeit, mit den Kindern zu spielen. Deshalb sind wir bei gutem Wetter herausgefahren in eine nahegelegene Grünanlage und haben dabei erlebt, daß, wenn wir in die Straßenbahn eingestiegen sind, nach zwei Haltestellen die Straßenbahn leer war. Und zu Beginn, als die Schule aufgebaut wurde und die Menschen noch nicht so mit Geistigbehinderten konfrontiert waren, hatten wir auch immer Schwierigkeiten auf dem Spielplatz. Unsere Kinder kamen auf den Spielplatz und sofort kamen gesunde Kinder und haben Kontakt aufgenommen, haben mit unseren Kindern gemeinsam gespielt. Aber schon nach kürzester Zeit kamen die Mütter hinzu und nahmen ihre Kinder weg und verließen den Spielplatz, so daß wir nach spätestens einer halben Stunde den Spielplatz für uns allein hatten.«

Über ein anderes Beispiel aus Hessen berichtet die »Zeit« am 22.

Oktober 1971 unter der Überschrift »Nicht für Deppen«: »Hephata – hebräisch für tue dich auf! – nennt sich ein Heim für geistig behinderte Kinder im idyllischen Treysa, 55 Kilometer südlich von Kassel. Tue dich auf! bat die Anstaltsleitung vor genau einem Jahr, als das örtliche Hallenschwimmbad gebaut wurde. Zu besonderen Zeiten sollten die Kinder die drei Becken des mit 3,3 Millionen Mark eingerichteten ›Europabads‹ benutzen dürfen. Das Bad tat sich in den ersten acht Monaten dieses Jahres zwar auf für 100 000 Besucher aus der Umgebung, doch den Kindern aus Hephata blieb es verschlossen. Erzieher des Heims, die mit je zwei Kindern an der Hand ins Wasser wollten, wurden vom Bademeister bereits am Eingang abgewiesen – ›bis die Frage grundsätzlich geregelt ist‹.

Die Grundsatzentscheidung ließ auf sich warten. In schleppenden Verhandlungen konnten Anstaltsleitung und Chefarzt darlegen, welche Kinder sie unter ärztlichen und hygienischen Gesichtspunkten überhaupt nur ins Wasser lassen wollten, sie erläuterten auch den hohen therapeutischen Wert des Schwimmens gerade für ihre Kinder. Der Schwimmbadausschuß unter Federführung von Landrat Albert Pfuhl hörte zwar hin und versicherte ein positives Engagement, aber fühlte sich dann nicht in der Lage, positiv zu entscheiden. Ein Kind aus Hephata soll gleich nach der Eröffnung des Europabads beim Onanieren gesehen worden sein. Eine Lehrerin ermahnte ihre ›normalen‹ Schulkinder, nicht ins Wasser zu pinkeln, ›wie bei Hephata-Kindern geschehen‹.

Ermuntert durch solche vox populi entschied dann der Schwimmbadausschuß Anfang Oktober, die geistig behinderten Kinder grundsätzlich nicht zuzulassen. Begründet wurde dieser Beschluß nicht. Nur zwischen den Zeilen der Lokalpresse konnten die Erzieher lesen, daß der Ausschuß sich auf eine Musterbadeordnung für deutsche Hallenbäder berief, die allerdings jedermann, an dem Anstoß zu nehmen wäre, aus öffentlichen Bädern ausschließt.

Landrat Pfuhl beruft sich außerdem auf die geringe Kapazität des

Bades, die es nicht ermögliche, neben der Schule, der Bundeswehr, den Versehrtensportlern auch noch den Kindern aus Hephata gesonderte Badezeiten einzuräumen. Im übrigen sind die Erzieher des Heims für ihn ›Revoluzzer‹ und ›Dollbohrer, die verrückt spielen‹. ›Kanzelschwalben‹ nennt er die Einwohner von Treysa, die sich für die Zulassung der Kinder aussprechen. In einer noch nicht abgeschlossenen Stichprobenbefragung zeichnet sich nämlich ab, daß nur 20 Prozent der Befragten mit dem Schwimmbadausschuß der Meinung sind, daß die Kinder nicht ins Bad sollen.
Die Einwohner von Treysa haben in siebzig Jahren gelernt, mit den geistig behinderten Kindern nebeneinanderher zu leben. Jetzt stehen sie vor der Frage, ob sie mit ihnen zusammenleben wollen, notfalls auch in hautnahem Kontakt – via Badewasser, oder ob sie auf eine Haltung zurückfallen, die der Frankfurter Diakon Erwin Schöppner ›passive Euthanasie‹ nennt.«
Widerstand gegen ein Behinderten-Heim gab es im November 1971 auch in Musberg im Kreis Böblingen. Gegen den Plan der Caritas, in einem Wohnhaus mit Eigentumswohnungen ein Wohnheim für 30 alleinstehende Behinderte im Alter zwischen 18 und 35 Jahren einzurichten, haben mehr als 300 Musberger Bürger in einer Unterschriftenaktion beim Bürgermeisteramt protestiert. Der Gemeinderat empfahl der Caritas daraufhin einstimmig, einen anderen Standort für das geplante Heim zu wählen.
Der Referent für Behindertenhilfe bei der Caritas in Stuttgart, Thomas Redlich, ist gegen eine Isolierung der Behinderten, die im übrigen tagsüber außerhalb von Musberg ihrer Arbeit nachgehen würden. »Sie haben ein Recht auf Leben innerhalb der Gesellschaft«, erklärte Thomas Redlich, »und eben deshalb kämpfen wir dagegen, daß solche Einrichtungen auf Rübenäckern weit ab von Ortschaften gebaut werden.«
Im August 1972 scheint der Streit um die Belegung des Musberger Wohnhauses durch einen Beschluß des Verwaltungsgerichts Stutt-

gart entschieden worden zu sein: Der Antrag von fünf Anliegern, den Einzug der geistig behinderten Männer und Frauen aufzuschieben, ist in einem Eilverfahren abgelehnt worden. Der Caritasverband wartet jetzt auf das noch laufende Hauptverfahren beim Landratsamt Böblingen.

Die Interessengemeinschaft der Anlieger hatte mit einem Gutachten in einem Nutzungsänderungsverfahren vor dem Landratsamt Böblingen versucht nachzuweisen, daß sich das geplante Heim negativ auswirke. Ein Gegengutachten der Caritas sprach sich ebenso wie eine vom Landratsamt angeforderte Untersuchung für das Haus aus. Die Begründung des Stuttgarter Verwaltungsgericht: Der Caritasverband habe keine besondere Genehmigung für die Belegung des Hauses mit Behinderten gebraucht, da von den Bewohnern keine unzumutbaren Belästigungen zu erwarten seien. Im übrigen müsse zwischen geistig behinderten Personen und Geisteskranken unterschieden werden. Aber selbst wenn es sich um »kein normales Wohnen« gehandelt hätte, sondern um eine Anlage für soziale Zwecke, wäre das Vorgehen des Caritasverbandes zulässig gewesen.

Die Meinung eines anderen Teils der Musberger Bevölkerung: »Eine Gesellschaft, die von der Frau verlangt, daß sie ihr Kind austrägt, muß auch gezwungen werden, mit behinderten Menschen in ihrer Mitte zu leben.« – »Die Behinderten sind vielfach harmloser als die sogenannten Normalen«, schrieb ein Arzt. Eine Lehrerin fragt: »Woher nehmen die Musberger das Recht, so zu tun, als seien die schönen Wohngebiete nur für die Reichen da?«

In der Zwischenzeit sind die Wogen in Musberg geglättet. Die Mehrzahl (nicht alle) der Nachbarn des Hauses am Schönaicher Sträßle hat sich bereit erklärt, den Behinderten echte Nachbarn zu sein. Die große Aufgabe sei es, erklärte Regionaldekan Bauer bei der Einweihung im Oktober 1972, den behinderten Mitmenschen zu helfen, nicht aber ihnen auf der einen Seite mit Mitleid und auf der anderen mit Abwehr gegenüberzustehen.

Auch in Baindt bei Ravensburg gab es Schwierigkeiten zwischen dem Bürgermeister und dem Kindergarten für Körperbehinderte. Nach vier Jahren wurde der Mietvertrag zwischen der Gemeinde Baindt und dem Körperbehindertenzentrum in Weingarten nicht mehr verlängert. Vermutlich werden die in der alten Volksschule untergebrachten Kinder ausziehen müssen. Entgegen einer Zusage, die Bürgermeister Benedikt Schützbach im ZDF-Magazin »Drehscheibe« machte, kam es nicht zu Verhandlungen zwischen Gemeinde und Körperbehindertenzentrum. Vor Journalisten soll der Bürgermeister gesagt haben, ihm seien die eigenen gesunden Kinder der Gemeinde wichtiger als fremde und körperbehinderte. Zwar bezeichnet der Bürgermeister diese Aussagen als Lügen, die Journalisten aber versichern das Gegenteil.
Tatsache ist, daß der Bürgermeister im Oktober 1972 ein Kamerateam des Südwestfunks verprügelte und mit Fäusten auf das dreiköpfige technische Team des Fernsehens eingeschlagen hat, auf einem öffentlichen Platz in der Gemeinde.
Aber auch hier wurde ein Kompromiß gefunden. Gibt es bei Behinderten nur Kompromisse und keine Rechte? Bis zum Jahresende 1972 dürfen die Behinderten in der alten Volksschule bleiben. Was dann wird, weiß niemand. Die Gemeinde hat für Januar 1973 bereits Personal für den von ihr einzurichtenden Kindergarten eingestellt, und unter Umständen werden für eine Übergangszeit beide Kindergärten die Räume teilen müssen. Auch hier also: erzwungenes Nachgeben, aber kein Verständnis für die Rechte dieser Menschen.
Wenn die Behörden dafür sorgten, daß die Tabuschranken zwischen Bevölkerung und geistig behinderten Kindern fallen, ließen sich wahrscheinlich die Einstellungen ändern, auch wenn der Umstellungsprozeß schwierig ist. Ein Beispiel dafür gibt Böblingen. Im Böblinger Hallenschwimmbad und im Freibad können normale mit behinderten Kindern während des Schwimmunterrichts zusammen-

kommen. Anfangs hat es Komplikationen gegeben, die aber inzwischen verschwunden sind. »Am Anfang gab es einige Differenzen, vor allem auf der Fahrt zum Schwimmbad«, berichtet Edith H., Lehrerin an der Sonderschule für geistig Behinderte in Böblingen. »Da für die Böblinger Schulen nur ein Schulbus zur Verfügung steht, fuhren unsere Kinder gemeinsam mit normalen Kindern oder auch Gymnasiasten und Wirtschaftsschülern, die anfangs kein großes Entgegenkommen zeigten. Sie machten in der Enge des Busses unseren Kindern keinen Platz, nahmen keinerlei Rücksicht oder machten auch dumme Scherze mit den Behinderten. Beim Ein- und Aussteigen drängten die meist älteren normalen Kinder unsere behinderten Kinder zur Seite, suchten sich die besseren Umkleidekabinen und beherrschten – obwohl überwiegend Schwimmer – das Nichtschwimmerbecken, das unseren Kindern vorbehalten bleiben sollte. Erst allmählich, im Laufe der Zeit, wurde das Verhältnis immer besser. Heute sorgen sie sich um unsere Kinder, helfen ihnen, räumen sofort das Nichtschwimmerbecken, wenn wir kommen und freuen sich mit uns, wenn es gelingt, eines unserer behinderten Kinder zum Freischwimmer zu machen.«

Diese veränderte Einstellung der »normalen« gegenüber den behinderten Kindern kam zweifellos durch die ständige Konfrontation. Die »Normalen« sahen die behinderten Kinder in öffentlichen Verkehrsmitteln und beim Sport, und sie kamen vielleicht unbewußt zu der Erkenntnis, daß sie so anders auch nicht seien. Beigetragen zu der Änderung in der Einstellung hat sicher auch die Gewöhnung, das häufigere Beisammensein im gleichen Bus. Von Einfluß gewesen sein werden auch die Gespräche während der Fahrten und im Freibad zwischen Lehrern und Oberschülern. Es zeigte sich jedoch in jedem Fall, daß die ständige Konfrontation, Gespräche und die Bereitschaft auf der anderen Seite Spannungen abgebaut und gegenseitiges Verständnis entwickelt haben.

Größtes Aufsehen erregte vor einigen Jahren die Äußerung eines der prominentesten Mitglieder der nichtbehinderten Gesellschaft über die Behinderten, die des Ministerpräsidenten von Baden-Württemberg, Hans Filbinger. Er hatte zu dem Fischsterben im Neckar gesagt, eine Untersuchung habe ergeben, daß nur die »dümmsten Fische, die intelligenzmäßig zu den Hilfsschülern zählten, den Tod gefunden haben«.

Dieser Wirbel wurde von Herrn Filbinger nachher schnellstens als Versprecher entschuldigt, indem er an den Verband der Sonderschulen u. a. schreibt: »Als nicht ernstgemeinte und wohl auch nicht für die Veröffentlichung gedachte humorige Glosse ist diese Bemerkung auch von der ganz überwiegenden Anzahl der anwesenden Journalisten verstanden worden. Was den Gebrauch des Wortes ›Hilfsschüler‹ in diesem Zusammenhang anbelangt, so wird hier von einem Teil der öffentlichen Meinung ein schlichter Versprecher, wie er auch einmal einem Ministerpräsidenten unterlaufen kann, mit Interpretationen versehen, zu denen ich selbst nicht den geringsten Anlaß gegeben habe. Ich muß deshalb Versuche, in eine solche Randbemerkung eine bewußte oder unbewußte Diskriminierung der Bemühungen um das Sonderschulwesen hinein zu interpretieren, mit aller Entschiedenheit zurückweisen. Ein solcher Zusammenhang lag mir selbst völlig fern und konnte auch nach dem Eindruck anderer Beobachter der Pressekonferenz ernsthaft nicht entstehen. Sie wissen selbst, daß Baden-Württemberg auf dem Felde des Sonderschulwesens heute unter allen Flächenstaaten der Bundesrepublik eine Spitzenstellung einnimmt, die von anderen Ländern und von namhaften Pädagogen immer wieder anerkannt wird.«

Man muß nicht erst die Psychoanalyse bemühen, um in dem »schlichten Versprecher« ein tiefwurzelndes Vorurteil zu erkennen, das sich zäh gegen ein vorgegebenes Reformbewußtsein behauptet. Das Verhalten Filbingers ist damit repräsentativ für die Schizophrenie des öffentlichen Bewußtseins überhaupt.

Uneingestandene Vorstellungen eines Sozialdarwinismus, wie sie sich in Filbingers Beispiel von den Hilfsschüler-Fischen, die mit biologischem »Recht« als die schwächeren sterben, äußern, wirken auch bei der permanenten Reproduktion von Sonderschülern in den Obdachlosengettos mit. In diesen Siedlungen zeigt sich ein circulus vitiosus: die Großeltern waren Hilfsschüler, die Eltern waren Hilfsschüler und die Kinder sind Sonderschüler. Ein Ausbrechen aus diesem Kreis gelingt nur in Ausnahmefällen. Was jedoch durch die Häufung des chronischen Schulversagens als erblicher Intelligenzdefekt erscheint, ist in den meisten Fällen Resultat der Umwelteinflüsse. Die oft katastrophalen Lebensbedingungen ersticken schon im Kleinkind die Möglichkeit einer normalen Entwicklung. Eine reizarme Außenwelt am Stadtrand bei gleichzeitiger Reizüberflutung durch eine zu große Familie, die in den engen schäbigen Wohnräumen notwendig aggressiv wird, zusammen mit dem durch Generationen weitergegebenen Gefühl der Minderwertigkeit und sozialen Ohnmacht nehmen dem Kind jede Motivation, Neugierverhalten, differenzierte Wahrnehmung und Lernbereitschaft zu entwickeln. Ohne gezieltes Eingreifen landen die Kinder automatisch in der Sonderschule und bestätigen damit die Überzeugung des tüchtigen Normalbürgers von dem biologischen Unwert der Asozialen, die sich gewöhnlich ungebrochen in Schulen und Behörden fortsetzt.

Solange die Gesellschaft sich weigert, soziale Behinderung als eine der Ursachen für geistige Behinderung zu erkennen und sie aktiv zu überwinden, wird die Zahl der gesunden Kinder, die von der Umwelt zu Sozialfällen und Imbezilen gemacht werden, wachsen. Einige Versuche, durch Einrichtung von Vorschulkindergärten in den Obdachlosensiedlungen den Kindern so früh wie möglich zu helfen, wurden gemacht, und die Ergebnisse waren positiv. Aber diese Einzelinitiativen von Gemeinden reichen nicht aus. Nur die Auflösung der Gettos, die Reintegration der Obdachlosen in die Gesamtbevölkerung, kann die blinde Überproduktion der »Dümmsten« verhindern.

Aber auch die gewohnte Trennung der Sonderschule von den übrigen Schulen muß neu überprüft werden. Eine Anregung dazu gibt der hessische Kultusminister von Friedeburg, wenn er fordert: »Bei der zukünftigen Schulentwicklung muß dem Verhältnis der Sonderschulen zur Gesamtschule besondere Bedeutung zukommen. Denn die Gesamtschule will durch ihre individualisierende und differenzierende Unterrichtsform auch den Kindern gerecht werden, die in dem überkommenen Schulsystem nicht hinreichend gefördert wurden.« Friedeburg möchte die Gesamtschulen für lernbehinderte Kinder öffnen und vorab die bestehenden Sonderschulen nach Möglichkeit in Ganztagsschulen umwandeln, die »helfen, familiäre Konflikte abzubauen, die oft die Ursache für die Behinderung der Kinder sind oder durch ihre Behinderung ausgelöst werden«.
Noch aber ist es nicht soweit. Außer den Renommier-Sonderschulen in Frankfurt und Gießen lassen sich in Hessen noch kaum Ansätze einer Sonderschulreform erkennen.
Überzeugend aber hat bis heute kein Bundesland das Problem gelöst, nicht die sozialdemokratisch regierten Länder Hessen oder Niedersachsen, nicht die reichen Stadtstaaten Bremen und Hamburg und auch nicht – trotz einiger Erfolge – die christdemokratisch regierten Länder Baden-Württemberg und Bayern. Es liegt wohl an der Grundeinstellung.
Schrittmacher auf dem Weg der sozialen Wiedereingliederung ist das Pflegedorf Hangweide. Hangweide, Teileinrichtung der Heil- und Pflegeanstalt in Stetten, beherbergt rund 350 Behinderte. Den Auftrag aber sieht man in Stetten heute weniger in der Rehabilitation als vielmehr in der Integration der Behinderten in die Gesellschaft der Nichtbehinderten. Die Hangweide, bei der Begründung in den 50er Jahren bereits als mustergültig eingestuft, hat heute längst erkannt, daß alle 350 Behinderten in ein intensives heilpädagogisches Programm eingegliedert werden können und müssen, wenn sie nicht durch einen zu eintönigen Lebensrhythmus

eines Pflegedorfs neurotisiert werden sollen. In den neuen Bauten stehen jetzt nicht nur 160 arbeits-, 20 spiel- und 20 beschäftigungstherapeutische Plätze zur Verfügung, sondern auch die notwendigen Räumlichkeiten für Turnen und Rhythmik, Gymnastik, Musik- und Physiotherapie. Die Hangweide ist eine Siedlung mit Gruppenwohnungen und lediglich einem allgemeinen Versammlungssaal, in der in den Wohnungen die Betreuer-Ehepaare mit jeweils 6–8 Behinderten in einer Gruppe zusammen wohnen.

Ein Novum der Stettener Einrichtung ist ein Friseursalon, der ebenfalls zum Pflegedorf Hangweide gehört: hier sollen die Behinderten lernen, wie man sich draußen, in der Welt der Nichtbehinderten, verhält. Hochgesteckt ist das therapeutische Ziel, die Behinderten nach vier- bis sechsjährigem Aufenthalt im Pflegedorf in die Gesellschaft zu entlassen. Es ist nicht in jedem Fall zu erreichen, zumal da im Therapiezentrum Hangweide erwachsene Behinderte aufgenommen werden, die nicht einmal fähig sind zu sprechen. In solchen Fällen wird es schon als Erfolg betrachtet, wenn die Behinderten nach monatelanger Betreuung gelernt haben, sich durch kindliche Laute der Umwelt gegenüber verständlich zu machen.

Inzwischen wurde in Stetten erfolgreich der Versuch unternommen, rund 50 Prozent der Behinderten eines Wohnheims in Einzelzimmern unterzubringen.

Es ist notwendig, daß die Behinderten von einem gewissen Alter ab ihr Zuhause verlassen, denn auch sie haben Anspruch auf ein individuell gestaltetes Leben. Dieser Anspruch sollte bereits durch systematische Förderung der Jugendlichen geweckt werden. Damit aber stellt sich ein neues Problem. Sobald der Behinderte den vordiktierten Weg der Reglementierung durch Gesellschaft und Sozialeinrichtungen verläßt, sieht er sich neuen Konflikten, vor allem der Partnerbeziehung und der Sexualität, gegenüber.

Gerade das Problem der Behinderten-Sexualität ist in der Bundesrepublik tabuisiert wie kaum irgendwo in den Nachbarländern. Die Literatur über Sexualpädagogik für Behinderte verrät, daß die Sexualerziehung geistig Behinderter nach wie vor rein repressiv ist. Das heißt, geistig Behinderte werden darauf konditioniert, keinen Kontakt mit andersgeschlechtlichen Partnern zu haben. Es wird ihnen suggeriert, daß der andere das nicht haben will, daß das schlecht ist, daß es unanständig ist, daß man das nicht tut. Es wird bestenfalls empfohlen, wenn »ein Behinderter von sich aus den Weg zur Onanie gefunden hat, sich ein Tüchlein zu nehmen und sich in die Toilette zurückzuziehen«.

In anderen Ländern, vor allem in Norwegen, Schweden und auch in England, entwickelt man bereits seit Jahren Modelle, um Sexualprobleme der Behinderten zu lösen. Es gibt Indikationen für geistige Behinderungen, bei denen mit Sicherheit geschädigter oder wieder behinderter Nachwuchs zu erwarten ist, und solche, bei denen der Nachwuchs gesund ist. Da der geistig Behinderte oft nicht die Fähigkeit besitzt, Nachwuchs großzuziehen (weder behinderte noch gesunde Kinder), muß die Gesellschaft einspringen. Diese Probleme lassen sich am besten in Wohnheimen lösen, wobei das Wohnheim als Gemeinschaft, nicht als Anstalt verstanden wird, in der die Behinderten zusammen leben und ein Teil der täglichen Versorgung von Nichtbehinderten, die dort beschäftigt sind, übernommen wird.

Zu einer solchen Gemeinschaft müßte, wie schwedische Beispiele zeigen, ein Kindergarten gehören, so daß der Nachwuchs von Behinderten auf die spätere Eingliederung vorbereitet werden kann. Aber auch nichtbehinderte Kinder sollten hier ihre normale Entwicklungschance und spätere Berufschancen bekommen. Sie sollten nicht grundsätzlich von den Eltern getrennt werden.

Die Frage der Sterilisation darf in diesem Zusammenhang nicht umgangen werden, auch wenn sie durch die Verbrechen des Dritten Reiches belastet ist. Ob sie als Hilfe für den Behinderten in Frage kommt, muß eine besondere Überprüfung des Einzelfalls unter Abwägung aller Risiken zeigen. Sofern keine Störungen des Hormonhaushalts oder Stoffwechsels vorliegen, ist die Pille auch für den Behinderten das beste Verhütungsmittel. Erfahrungen in Dänemark und Schweden haben gezeigt, daß Behinderte, wenn sie eingewöhnt sind, sehr präzise und gewissenhaft Medikamente einnehmen können. In den skandinavischen Ländern nimmt inzwischen niemand mehr Anstoß daran, daß die Partnerbeziehungen Behinderter nicht so stabil sind, wie es unsere Gesetze in bezug auf die Ehe fordern und die Gesellschaft das wünscht. Ein größerer Wechsel als im Normalbereich wird toleriert. Man hat die Beobachtung gemacht, daß die kommunikativen Beziehungen, die mit den sexuellen verbunden sind, sich sehr positiv auf die Behinderten auswirken und einer vorzeitigen Verblödung entgegenwirken, die bei manchen Behinderungen eintreten können.

Doch von diesen in der BRD fast revolutionär anmutenden Forderungen abgesehen, ist unsere Gesellschaft noch weit davon entfernt, den Behinderten den ihnen zustehenden Platz einzuräumen. Der Behinderte verlangt, wenn man mit ihm umgeht, ein anderes Maß an Raum, Zeit und Auseinandersetzung. Das ist von einem Nicht-Fachmann in den wenigen Minuten, die er sich mit einem Behinderten abgibt, kaum zu leisten. Hierzu braucht es längere Gewöhnungs- und Akklimatisierungsprozesse, die unter dem heutigen Leistungs- und Zeitdruck kaum zu leisten sind, selbst wenn der Wille zur Kommunikation mit Behinderten vorhanden wäre. Von vielen Lehrern wurde außerdem bestätigt, daß es kaum Eltern von behinderten Kindern gibt, die nicht unbewußt Schuldgefühle in bezug auf die Geburt eines behinderten Kindes haben. Irgendwo ist in jeder Familie ein Punkt, von dem sich Selbstbestrafungstendenzen ableiten ließen. Häufig ist ein behindertes Kind auch der Anlaß, daß sich im übrigen positiv eingestellte Wohngemeinschaftsmitglieder oder Nachbarn langsam zurückziehen, was wiederum

die Schuldgefühle der Eltern verstärkt. Eine aktive Öffentlichkeitsarbeit und Elternschulung könnte hier manche Fehleinstellungen verhindern bzw. abbauen helfen.
Alles, was bisher von geistig Behinderten gesagt wurde, trifft ähnlich auch auf Körperbehinderte zu. Eine Untersuchungsreihe der Kölner Forschungsgemeinschaft »Das körperbehinderte Kind« hat nach zweijähriger Arbeit festgestellt, daß der Anblick eines körperbehinderten Menschen bei den gesunden Mitmenschen meist Ekel, Abscheu, zumindest Ablehnung hervorruft. Auch Kinder reagieren nach Mitteilung der Gemeinschaft so, wenn sie Schulkameraden mit stärkeren Behinderungen wie fehlende Gliedmaßen oder Lähmungen haben.
Befragungen von jeweils 160 Kindern im Alter von 7 und 11 Jahren zeigten, was später Tiefeninterviews am »Lügendetektor« erhärteten: Die Scheu vor Behinderten ist die originäre, die »natürliche«, instinktive Reaktion. Bereitschaft zu Hilfe, Verständnis und Entgegenkommen Behinderten gegenüber sind rational (und sozial) überformte Verhaltensweisen. Die Umfrage bei Erwachsenen ergab ein erschreckendes Meinungsbild:

56 Prozent möchten nicht mit Behinderten in einem Hause wohnen,
70 Prozent ekeln sich bei ihrem Anblick,
90 Prozent wissen nicht, wie sie sich einem Körperbehinderten gegenüber verhalten sollen,
63 Prozent meinen, Körperbehinderte gehörten ins Heim,
72 Prozent befürworteten eine Schwangerschaftsunterbrechung, falls Behinderungen zu erwarten sind,
63 Prozent würden »der Meinung zustimmen«, daß man solche Kinder nicht mit allen Mitteln am Leben erhalten sollte – das war die vorsichtige Frage nach der Euthanasie.

Auch bei den befragten Kindern ging das Verständnis über ein zu-nichts-verpflichtendes Stadium nicht hinaus. Die befragten Kinder waren durchaus bereit, einem behinderten Kind mal etwas zum Geburtstag zu schenken. Mit ihm in Urlaub zu fahren oder ständig neben einem Behinderten in der Schulbank zu sitzen, dazu waren die wenigsten bereit.

Ähnliche Beispiele führen W. Bläsig und H. Mull in einem Bericht »Diskriminierte Minderheit in unserer Gesellschaft«, einer Schrift des Sonderschulverbandes, an: »Sind Sie die Mutter des armlosen Mädchens aus der . . .straße?« – »Ja.« – »Dann sorgen Sie dafür, daß Ihr Kind nicht mehr auf den Spielplatz kommt.« (Anonymer Anruf bei der Mutter eines Dysmelie-Kindes in einer niedersächsischen Großstadt).

»Sie erregen Mißfallen, ihren Begleitern werden manchmal Vorhaltungen gemacht«, sagte Erich Wieden, der Geschäftsführer der Bundesarbeitsgemeinschaft »Hilfe für Behinderte«, zu dem Gedanken, mit Behinderten in Urlaub zu fahren. Viele Gastwirte und Pensionsinhaber legen auf Behinderte keinen Wert, und die Gesunden wollen sich ihre Sonnen- und Schneeidylle nicht durch den Anblick Behinderter vermiesen lassen.

Ähnliche Erfahrungen machten auch die Mitglieder des »Clubs« in Berlin, in dem 33 junge Leute zusammengeschlossen sind, Behinderte und Nichtbehinderte, unterstützt von der Berliner Spastikerhilfe e. V. Es existieren drei Clubs in Berlin, der Vorbereitungsclub (in dem Behinderte und Nichtbehinderte voneinander getrennt aufeinander vorbereitet werden), ein Club, in dem gebastelt und gearbeitet wird, und schließlich die Aktionsgruppe. Behinderte und Nichtbehinderte besuchen gemeinsam Restaurants und die Oper, Sportveranstaltungen und Clubabende.

Aber es werden auch berufliche Habilitationen vorbereitet, Kurse durchgeführt, und es wird gearbeitet. Daß in einer Gesellschaft, in der nur die Leistung zählt, für den Schwächeren und Behinderten kein Platz bleibt, wurde auch hier festgestellt, immer wieder, wenn es auch Ausnahmen gibt. Leistungsdenken macht die Körperbehinderten wie die geistig Behinderten zu Außenseitern. Und es gibt Menschen, die sich nicht schämen zu sagen, ihnen schmecke beim Anblick von Behinderten das Bier nicht mehr. Oder solche, die meinen, ein paar Rollstühle mit Spastikern verderben ihnen in der Oper die Stimmung.

10. Beschützende Werkstätten

»Die Beschäftigung mit Behinderten ist populär geworden. Sie ist politisch interessant und damit gesellschaftsfähig.« Solche Worte hörte man von Sprechern der Bundesarbeitsgemeinschaft der Freien Wohlfahrtspflege e. V. aus Freiburg anläßlich einer Pressefahrt mit dem Thema »Heranwachsende geistig Behinderte und ihre Eingliederung in Beruf und Gesellschaft«. Frankfurt – quasi ein Modellfall für eine Stadt, die für ihre behinderten Mitbürger seit Jahren mehr tut als gemeinhin in der Bundesrepublik üblich – war Hauptziel der Fahrt.

Ist es verwunderlich, wenn angesichts der spärlichen oder doch unzureichenden Hilfe für die Behinderten von Skandal, Katastrophe und vom bekannten Tropfen auf den heißen Stein gesprochen wird? 1969 gab es im gesamten Bundesgebiet rund 140 Beschützende Werkstätten, in denen etwa 6000 geistig Behinderte beschäftigt wurden. Der Bedarf an Arbeitsplätzen in Beschützenden Werkstätten aber betrug 50 000 und an Heimplätzen rund 10 000.

»Der Erfolg der Bemühungen, behinderte Kinder und Jugendliche schulisch zu fördern, wäre gefährdet, wenn ihnen nicht im Anschluß an die schulische Ausbildung die Möglichkeit einer beruflichen Eingliederung geboten würde«, erkennt das Innenministerium Baden-Württemberg in einer Schrift aus dem Jahre 1971 und schreibt weiter: »Viele Behinderte sind nicht bzw. noch nicht in der Lage, nach dem Schulabschluß sofort auf dem freien Arbeitsmarkt tätig zu sein. Es muß ihnen deshalb eine angemessene Ausbildung in einer Anlernwerkstätte und eine geeignete Tätigkeit in einer Werkstätte für Behinderte ermöglicht werden.«

Die gegenwärtige Situation aber ist nach wie vor unmöglich. 1971 standen beispielsweise in Baden-Württemberg 945 Werkstattplätze in 24 Werkstätten für Behinderte zur Verfügung. Weitere sechs Werkstätten mit 530 Plätzen waren im Bau. Der effektive Bedarf an Plätzen aber betrug 1970 in Baden-Württemberg 4453 und wird sich bis 1980 mit 9613 mehr als verdoppelt haben. Demgegenüber nehmen sich die vorhandenen und im Bau befindlichen 1475 Plätze recht dürftig aus. Und auch die weiteren im Lande geplanten 2968 Plätze werden nicht reichen. Vor allem dann nicht, wenn man davon ausgeht, daß die Ausgangszahlen bereits – wie bei den genannten Schülerzahlen – falsch sind.

Durch das Zweite Gesetz zur Änderung des Bundessozialhilfegesetzes sind Planungs- und Finanzverantwortung von den örtlichen auf die überörtlichen Träger der Sozialhilfe übergegangen. Nach dem Arbeitsförderungsgesetz hat jetzt auch die Bundesanstalt für Arbeit Darlehen und Zuschüsse für den Aufbau, die Erweiterung und die Ausstattung von Werkstätten und auch individuelle Hilfen zu gewähren. Die im Gesetz vorgesehene diesbezügliche Anordnung des Verwaltungsrats liegt bereits vor. Trotzdem gibt es – obwohl im übrigen vorhandene, im Bau befindliche oder geplante Werkstätten über den gesamten Raum Baden-Württemberg ziemlich gleichmäßig verteilt sind – in Nordwürttemberg eine große Lücke: In den Stadtkreisen Karlsruhe, Heidelberg, Mannheim und Pforzheim gibt es insgesamt 225 Plätze. In den Landkreisen Karlsruhe, Heidelberg, Mannheim, Pforzheim, Mosbach, Sinsheim und Tauberbischofsheim existieren keine Beschützenden Werkstätten, sind keine geplant und werden keine gebaut.

Aber nicht nur Beschützende Werkstätten für geistig Behinderte fehlen; auch die Ausbildungsmöglichkeiten für Lernbehinderte sind unzureichend. Für die mit rund 80 Prozent mit Abstand größte Gruppe der Behinderten, die einer pädagogischen Hilfe bedürfen, wird bezüglich der beruflichen Ausbildung so gut wie nichts getan, obwohl bekannt ist, daß eine entsprechende Berufsausbildung Voraussetzung für die Habilitation ist.

So wünschen die Elternbeiräte der Sonderschulen für Lernbehinderte Nordwürttembergs, daß ihre Sorgen bei der Verwirklichung des Schulentwicklungsplans II berücksichtigt werden. Die Planungskonzeption habe sich nämlich, was die Sonderschulen angeht, als trügerisch erwiesen, weil für die behinderten Kinder keine ihren spezifischen Begabungen entsprechenden Ausbildungsmöglichkeiten angeboten werden. Aus diesem Grunde hat der Arbeitskreis der Eltern im Juli 1972 die Regierung in einer Resolution aufgefordert, statistisch die Zahl der aus den Sonderschulen entlassenen Schüler und die für diese Jugendlichen geeigneten Ausbildungsstätten zu ermitteln. Vor allem sollten, verlangt der Arbeitskreis, spezielle Berufsberatungsstellen für Sonderschüler und berufliche Sonderschulen eingerichtet werden. Gerade den Sonderschülern sollte nach Meinung der Eltern der Besuch eines zehnten Schuljahres mit berufsvorbereitenden Maßnahmen ermöglicht werden. Auch in den beruflichen Schulen sollte die sonderpädagogische Arbeit der Sonderschulen fortgeführt werden. Nur dadurch könnten diese Jugendlichen als vollwertige Glieder in die Gesellschaft integriert werden.
Diese Forderung erscheint besonders dringlich, wenn berücksichtigt wird, daß die überwiegende Zahl der Lernbehinderten froh ist, endlich die »quälende Schulzeit« hinter sich zu haben und in den seltensten Fällen bereit ist, ein Lehrverhältnis, sprich neues Abhängigkeitsverhältnis einzugehen. Im übrigen besteht für die Lernbehinderten eine Schulpflicht wie in der Bundesrepublik allgemein von 9 Jahren, im Gegensatz dazu bieten die Sonderschulen für geistig Behinderte den Besuch von 12 (in Hessen auf Antrag der Eltern insgesamt 16) Jahren.
In der Entscheidung gegen eine Lehre werden die Jungen und Mädchen außerdem in starkem Maße von ihren Bezugspersonen, meist den Eltern, direkt wie auch indirekt negativ beeinflußt. Es ist eine Tatsache, daß Sonderschüler und Schulversager weit überdurchschnittlich den untersten sozialen Schichten angehören. Ein bedrük-

kendes Beispiel aus Mannheim: von den Kindern, die in den Slums dieser Stadt – den größten Süddeutschlands – aufwachsen, besuchen mehr als die Hälfte Sonderschulen. Ein Circulus vitiosus: durch den schlechten Bildungsstand der Eltern werden die Kinder weder zu entsprechenden Leistungen animiert noch sind die Eltern überhaupt dazu in der Lage. Sie sind prädestiniert, den Nachwuchs dieser Schicht immer und immer wieder zu stellen. Das Gerede von gleichen Bildungschancen für alle in der Bundesrepublik wird unter Berücksichtigung dieser Fakten zu einer leeren Phrase.

Sonderschüler haben aber durchaus die Möglichkeit, eine Lehre erfolgreich abzuschließen. Zu diesem Ergebnis kam der Böblinger Sonderschullehrer Horst Hamann, der 1972 eine »Untersuchung über die Berufsbewährung ehemaliger Böblinger Sonderschüler in den Jahren 1960 bis 1971« machte. War man bisher der Meinung, daß »sitzengebliebene« Volksschüler immer noch größere Chancen in der Berufsausbildung hätten als Sonderschüler, so beweist Hamann in seiner Untersuchung das Gegenteil: der Prozentsatz der Berufsschüler, die aus zu hoch gesteckten Lehrberufen wieder aussteigen und als Hilfsarbeiter weitermachen, ist bei den aus der 7. oder 8. Klasse entlassenen Volksschülern weit größer als bei den entlassenen lernbehinderten Sonderschülern.

Hamann bestätigt auch die Problematisierung der Lernbehindertensituation durch Umwelteinflüsse. Das Schulbildungsziel, das einem Kind offensteht, legt oft auch seinen Rang innerhalb der Familie fest. Es wird häufig in eine Außenseiterrolle gedrängt, weil es die Erwartungen der Eltern nicht zu erfüllen scheint. Die Familie schämt sich seiner, und in nicht wenigen Fällen wird ihm die Schuld für den vermeintlich oder wirklich verminderten sozialen Rang der ganzen Familie zugeschoben.

Andererseits hat sich erwiesen, daß Lernbehinderte durchaus gute Mitarbeiter sein können, wenn sie von vornherein an den richtigen Platz gestellt werden und Fehlentscheidungen in der Berufswahl

vermieden werden. Auf welche Weise aber kann dem Abgangsschüler der Sonderschule für Lernbehinderte ein möglichst reibungsloser Übergang zur Berufsschule gewährt werden? Vorbedingung ist, daß er in der Sonderschule stofflich so weit eingeführt wurde, daß er in der Berufsschule sofort Anschluß gewinnen kann. Fast alle befragten ehemaligen Sonderschüler aber gaben zu verstehen, daß sie nur unzureichend auf den zu erwartenden Stoff in der Berufsschule vorbereitet wurden und erhebliche Schwierigkeiten gleich zu Beginn des ersten Berufsschuljahres hatten. Nicht selten führten diese Schwierigkeiten zur baldigen Aufgabe des erwählten Berufs.
Hinzu kommt, daß Sonderschüler – wie häufig auch Volksschüler – völlig unzureichend informiert werden und sich mehr zufällig für einen augenblicklich begehrten Beruf entscheiden. Auch die Berufsberatung erschöpft sich meist in einer reinen Stellenvermittlung.
Die nachfolgende Statistik gibt Aufschluß über die Zahl der Schulabgänger in Böblingen in den einzelnen Jahren, die Zahl der Lehrberufe und die Versager:

Jahrgang	Entlaßschüler	erfaßt	Lehre	beendet	vorz. aufgeg.
1968/69	25	16	13	9	4
1969/70	?	14	12	8	4
1970/71	24	16	15	14	1

Die Reihenfolge der von Sonderschülern erlernten Berufe:

Maler	20,6 %
Kfz-Mechaniker	9,4 %
Bauschlosser	8,8 %
Metzger	6,2 %
Kfz-Polsterer	5,1 %
Bäcker	5,0 %
sonstige	22,3 %

»Von den Befragten haben 83 % ihren zuerst gewählten Beruf beibehalten. Es fällt auf, daß Hilfsarbeiter sehr viel häufiger ihre Arbeitsstelle wechseln und mit ihrem Beruf auch unzufriedener sind als Jugendliche mit einem erlernten Beruf. Von den Befragten hatten 76 % mit einer Lehre begonnen. Von diesen Lehranfängern haben 82 % ihre Lehre auch erfolgreich zu Ende geführt. Auf die Frage, ob sie ihren gegenwärtig ausgeübten Beruf nochmals ergreifen würden, bejahten 52 %. Erwartungsgemäß sind die Hilfsarbeiter mit ihrem Beruf nicht zufrieden und würden ihn nicht mehr wählen. Nicht zufrieden waren auch viele Maler.

Weil viele Schüler weit weniger in ihrem Beruf als vielmehr in der Berufsschule Schwierigkeiten haben, müßten den lernbehinderten Sonderschülern während ihrer Ausbildungsverhältnisse Möglichkeiten eines freiwilligen Zusatzunterrichtes (Berufsschule, Abendkurse, Innungsverbände, Volkshochschulen etc.) geboten werden. 94 % der Schüler mit abgeschlossener Berufsausbildung würden von einem solchen Angebot Gebrauch machen, damit der Erfolg ihres praktischen Bemühens – der oft in krassem Widerspruch zu dem in der Berufsschule steht – nicht durch mangelhafte Leistungen im Fachrechnen oder in verwandten Fächern im theoretischen Teil der Prüfung vereitelt wird.

Bemerkenswert ist, daß der weitaus größte Teil der Befragten sich für eine bessere Vorbereitung auf die Berufsschule schon in der Sonderschule aussprach. Der Gedanke, in der Berufsschule eine Art Sonderbetreuung zu erfahren, stieß auf keine Gegenliebe. Es wurde klar der Wunsch geäußert, mit den Volksschülern gleiche Startchancen zu bekommen und mit ihnen als gleichwertig betrachtet zu werden.

Die Untersuchung aber brachte zutage, daß erschreckend wenig Schüler das Arbeitsamt bei der Berufswahl in Anspruch nehmen. Es waren lediglich 31 %, die von dieser Möglichkeit Gebrauch machten. Offensichtlich ist das Vertrauen in diese Institution gerade

bei Lernbehinderten nicht sehr groß. Viele befürchten auch, daß man ihnen bei der Berufsberatung von dem längst gewählten Beruf abraten würde. Der größte Teil (39 %) sucht mit Hilfe der Eltern einen passenden Beruf, während 30 % auf eigene Faust suchten.«
Zusammengefaßt kommt Hamann zu dem Ergebnis, daß lernbehinderte Sonderschüler durchaus die gleichen Berufschancen haben, wenn ihre Noten nicht unter 3,5 im Durchschnitt liegen und nicht von vornherein Berufe ergriffen werden, die zu hohe Anforderungen an die theoretischen Kenntnisse stellen. Von größter Bedeutung aber ist ein weitgehend intaktes Elternhaus, und auch der Beruf des Vaters spielt eine weit größere Rolle als allgemein angenommen wird. Die Väter von Berufsversagern, zu diesem Ergebnis kommt Hamann ebenfalls, sind ungelernte Arbeiter (41 %), 44 % sind Arbeiter und Facharbeiter, 13 % Angestellte und 2 % Selbständige oder Beamte. Wenn also von seiten des Elternhauses Anstöße erfolgen, ist die Aussicht auf eine erfolgreiche Berufsausbildung von vornherein wesentlich größer.

Die Bildungsfähigkeit behinderter Kinder kann man heute so definieren: ein Kind ist dann noch bildbar und dann eben auch in eine der Schulen für geistig Behinderte aufzunehmen, wenn ein von seiten der Erzieher geschaffenes kommunikatives Beziehungsverhältnis zum Kind herstellbar ist. Das heißt, es ist nicht nur dann bildbar, wenn es noch mit irgendwelchen Testinstrumenten untersuchbar ist oder wenn so etwas wie ein Intelligenzquotient recherchierbar ist. Wenn es gelingt, unter Ausnützung dieser Bildungsfähigkeit das Kind optimal zu unterrichten, es eine Sonderschule besuchen zu lassen, dann läßt sich, ganz allgemein formuliert, sagen, daß fünfzig Prozent der Kinder, die heute als geistig behindert bezeichnet werden, befähigt werden könnten, in freien Betrieben einfache Arbeitsplätze einzunehmen.

»Den Nachweis können«, behauptet Georg Feuser, Referent für Schulen für geistig Behinderte, »unsere Schulen in Gießen oder

Frankfurt jederzeit erbringen. Im übrigen erfassen unsere Schulen sehr weit nach unten, das heißt, wir haben Kinder in den Grundstufen, die medizinisch und psychologisch als idiotisch definiert werden, mit denen wir aber mittels spezifisch methodischer Verfahren, vor allem auch in der Verhaltenstherapie, ganz gute Erfolge erzielen. Und es zeigt sich, daß 50 Prozent der Kinder eingegliedert werden können, also weitgehend Arbeiten in der freien Wirtschaft verrichten können, die heute von Gastarbeitern oder anderen ungelernten Arbeitern ausgeführt werden. Man kann den Kindern diese Arbeiten anvertrauen, ohne daß sie in eine Überforderungssituation geraten.«

Das hätte natürlich den Vorteil, daß diese Menschen dann eine normale Entlohnung bekommen würden. Sie wären krankenversichert und hätten einen Rentenanspruch, Vorteile, die die Werkstätten für Behinderte kaum oder gar nicht bieten. Sie bezahlen meist für ähnliche Arbeiten ein Taschengeld, wobei die spätere Versorgung – vom derzeitigen Unterhalt ganz abgesehen – völlig offenbleibt. Wenn die von Feuser für möglich gehaltene Integration von fünfzig Prozent erreicht würde, bedeutet das, daß die speziellen Beschützenden Werkstätten ausschließlich für Schwerbehinderte zur Verfügung stünden. Heute wandert dieser Personenkreis nach wie vor in die Pflegeanstalten ab und wird dort im Sinne von Arbeitstherapien beschäftigt. In den Beschützenden Werkstätten könnte ihnen ein menschenwürdigeres Leben ermöglicht und somit dem schnellen Verfall der geistigen Kräfte Einhalt geboten werden.

In Wirklichkeit aber ist es so, daß die Organisation der Lebenshilfe – die die meisten der Beschützenden Werkstätten unterhält – darauf bedacht ist, gute oder leistungsfähige Jugendliche in die Werkstätten zu bekommen, so daß sich die Betriebe durch die Produktivität selbst tragen. Dadurch wird das Gefälle der Leistungsfähigkeit der Jugendlichen zu groß, und es besteht die Gefahr, daß ein Teil der geistig Behinderten die Arbeit leistet und ein anderer Teil, lediglich betreut, auf dem Stuhl sitzt und stereotypen Schaukelbewegungen nachgeht. Würden jedoch die Leistungsfähigen tatsächlich habilitiert, durch eine Tätigkeit in der Gesellschaft, könnten die übrigen arbeitstherapeutisch sinnvoll untergebracht werden und außerdem noch einen kleinen Produktionsbeitrag leisten.

Über einen Besuch in der ältesten und zugleich auch als fortschrittlichsten Beschützenden Werkstätte im Bundesgebiet apostrophierten Werkstätte in Praunheim, in der mehr als 200 Behinderte zwischen 15 und 43 Jahren untergebracht sind, schreibt die »Frankfurter Rundschau« vom 14. Juni 1969: »Besorgt fragen Mütter und Väter geistig behinderter Kinder: Was wird aus ihnen, wenn wir nicht mehr leben? Die Mutter eines mongoloiden Jungen hat nur einen Wunsch: Hoffentlich stirbt er früher als ich . . .!

Karl ist heute »der beste« in einer der großen Werkhallen. Ein hochaufgeschossener Jüngling, dessen Körper sich von Zeit zu Zeit verkrampft, so daß er in seiner Arbeit an der Maschine einhalten muß. Jahr für Jahr hatte er zu Hause gesessen, höchstens zuweilen Kohlen aus dem Keller geholt. Bis er dann eines Tages in den Verdacht geriet, sich einem Mädchen genähert zu haben. Dabei hatte dieses Nachbarkind den Jungen gehänselt – er aber hatte sich rächen wollen und es dabei, aufgrund seiner körperlichen Behinderung, ungeschickt angefaßt. Das war eigentlich ein Glückstag für ihn. Denn nun wurde man aufmerksam, schickte ihn in die ›Beschützende Werkstatt‹ in Praunheim.

Was hier geschieht, läßt sich in den von der Bürokratie geprägten Begriff ›Eingliederung in den Beruf‹ einordnen. Als Pionier auf diesem Gebiet hatte der kürzlich verstorbene ›Vater Lennig‹ – so war er überall in Deutschland bekannt – bereits 1928 eine Tageslernwerkstätte für berufsschwache und berufsunreife Schulentlassene gegründet. Nach Inbetriebnahme des Neubaus 1965 wurde die Beschützende Werkstatt unter Fachleuten mit der Bezeichnung ›Sozialpädagogisches Industrieunternehmen‹ versehen, ein durchaus nicht abwegiger Name. Mit Mitleid hat es nichts zu tun, wenn bestimmte Industriefirmen hierher Aufträge vergehen, für deren Ausführung sie heutzutage keine Leute mehr finden und für die auch automatisch arbeitende Maschinen zu teuer wären.

Ebensowenig hat es auch etwas mit ›Ausbeutung‹ zu tun, wenn man den hier Arbeitenden monatlich einen Betrag auszahlt, der nur zwischen 20 und 80 Mark liegt. ›Das ist kein Lohn, sondern eine Prämie‹, meint Peter Lennig, der Sohn des Gründers, der das Werk seines Vaters heute weiterführt. Darüber hinaus erhalten die jungen und älteren männlichen und weiblichen Mitarbeiter freies Mittagessen und freie Straßenbahnfahrt. Was sie mit ihrer Arbeitskraft aufbringen, entspricht einer Summe von rund 700 000 Mark im Jahr. Dennoch gibt die Stadt Frankfurt jährlich eine dreiviertel Million Mark zur Aufrechterhaltung dieser Einrichtung als Zuschuß.

Es gibt in den bewußt einem Industrieunternehmen nachgebildeten Werkhallen Tätigkeiten, die so stumpfsinnig sind, daß ein gesunder Mensch darüber tiefsinnig werden könnte, wie etwa das stete Festklammern eines Umschlags, in den Prospektmaterial hineinkommt, das Hantieren mit stecknadelfeinen Schräubchen, das Einsetzen winziger Federn, das Isolieren von Kabeln. Aber den hier unter Aufsicht und Anleitung Beschäftigten, die oft nur mit der Intelligenz eines Kleinkindes ausgestattet, aber zuweilen auch von gewisser motorischer Begabung sind, scheint es doch das Gefühl zu geben, gebraucht zu werden, etwas leisten zu können. Willig und freundlich erklären sie den Besuchern ihre Arbeit. Was weiß man schon von ihnen? Im Grunde genommen sehr wenig, sie können ja keine Aussage machen; wir stülpen ihnen einen Hut auf. Dennoch möchte ich meinen, daß sie den Hut ganz gerne tragen, antwortet Peter Lennig.

Es gibt hier Behinderte, die überhaupt keine Leistung vollbringen. Und immer wieder ergeben sich bei einzelnen von ihnen Phasen, in denen sie völlig abwesend scheinen, vor sich her lachen, unartikuliert sprechen, den Körper in Krämpfen verdrehen. Wie ein Wunder erscheint es dann etwa, wenn Otto, der nicht sprechen kann, prompt, sobald der Zeiger seines Zählwerks auf 5000 steht, mit der Serie aufhört, zu seinem Gruppenleiter geht und ihn mit einem bestimmten Laut darauf aufmerksam macht. Zwischendurch wird auch erzählt, von Filmen, die sie sehen durften, oder von dem, was sie in der Straßenbahn beobachteten. Zank oder Streit gibt es wenig. Dazu reicht bei vielen die Lebenskraft einfach nicht aus. Aber sie gehen gerne zur Arbeit. Dafür spricht vieles. Eher zu früh als zu spät stehen die meisten morgens schon vor der Türe. Die vorhandene Stechuhr, die für den Betrieb an sich absolut unwichtig ist, den hier Tätigen jedoch die Illusion einer realen Einrichtung geben soll, wird mit Wonne betätigt. Natürlich nur von denen, die dazu überhaupt fähig sind. Und wenn es dann zum Feierabend klingelt, malt sich auf den Gesichtern dieser Sorgenkinder etwas von Freude, von einem Gefühl, der täglichen Bürden nun ledig zu sein, genauso wie bei normalen, gesunden Menschen in einer Fabrik oder in einem Büro.

Die Menschen, die in der Umgebung dieser Werkstätte wohnen, schauen gar nicht hin. Sie kennen diese Sorgenkinder. Aber gerade dieses sonst übliche Nachschauen, auf der Straße etwa, das Verhalten der neugierigen Umwelt, ist ein Punkt, ›der lebenslänglich quält‹, wie eine Mutter sagt. Sie und ihre behinderte Tochter können es nicht verwinden. Immer wieder versucht die Mutter, ihr ›Kind‹, jetzt 29 Jahre alt, darüber hinwegzutrösten. Eine katholische Schwester, die eine Kindertagesstätte für geistig Behinderte leitet, betont ebenfalls, die Umwelt trage viel dazu bei, daß die Jungen und Mädchen sich isoliert vorkommen. ›Selbst hinter dem Vorhang stehen die Leute und schauen uns nach, wenn wir mit unseren Schützlingen spazierengehen.‹

Auch die Eltern dieser Kinder leben mehr oder weniger abgesondert. Wie ein Makel brennt es ihnen zuweilen auf der Seele, ›so ein Kind‹ zu haben. Dabei verursachen oft Blutgruppenunverträglichkeit, Kinderkrankheiten, Gehirnschädigungen bei der Geburt oder Operationen solche Schädigungen, die jedes Kind gesunder Ehepaare erleiden kann. ›Verlobungen meiner anderen Kinder sind wegen unserer mongoloiden Tochter auseinandergegangen.‹ Neben Fernsehen, Lesen – so sie es können – oder Unterhaltung mit den Angehörigen bleibt diesen Behinderten nicht viel in ihrer Freizeit zu tun. Deshalb der Wunsch nach entsprechenden Freizeitklubs. Auch wenn Peter Lennig mit seinen Pflegebefohlenen im Sommer 14 Tage lang im Westerwald Ferien macht, leben sie am besten wie in einem Getto zusammen. Das hat die Erfahrung gezeigt. Zuviel Unverständnis und ungeschicktes Verhalten müssen die Behinderten sonst hinnehmen.

Alle in diesem Bereich Tätigen wünschen die Verwirklichung von Plänen, die sogenannte ›Pflegenester‹ vorsehen, irgendwo auswärts, wo Beschäftigungsmöglichkeiten für diese Sorgenkinder des Lebens vorhanden sind. Diese würden zugleich Heime sein, in denen sie ihr Leben beenden können, wenn sie eines Tages ohne Eltern und Angehörige dastehn.«

Auch in diesem Zeitungsbericht wird deutlich, daß häufig Mitleid mit Hilfe verwechselt wird, daß die Kritik von Georg Feuser am Fehlverhalten der Gesellschaft wie aber auch der einschlägigen Organisationen berechtigt ist: »Ein Hauptproblem, das zu größeren Schwierigkeiten Anlaß gibt, ist, daß man heute noch in der Denkweise der Gründerjahre der Lebenshilfe verhaftet ist. Vor fünfzehn Jahren sah man in dem Behinderten ein hilfsbedürftiges Wesen, das behütet und beschützt werden mußte. Und diese Schutzfunktion war in der Anfangssituation ohne weiteres akzeptabel.

Heute weiß man, daß der geistig Behinderte eine Persönlichkeit ist, daß er Fehler und Schwächen und Vorzüge hat wie jeder andere Mensch. Doch man ist kaum bereit umzudenken. Dieses Beharren führt dazu, daß nach wie vor eine Art Rockzipfelpädagogik betrieben wird, obwohl inzwischen durch die schulischen Erfahrungen Methoden und Verfahrensweisen bekannt sind, um Behinderte ganz effektiv zu fördern. Man glaubt, wenn man den Behinderten nur schön behütet und ihm die Nase putzt, dann sei alles geleistet. Hier scheint mir ein handfester Ansatz zur Kritik an der Lebenshilfeorganisation zu sein, die sich heute – da die Organisation funktionärshaft betrieben wird – weitgehend um sekundäre Dinge kümmert, aber die Förderung des Individuums sehr vernachlässigt. Natürlich sind soziale Vergünstigungen wichtig, die Entlastung der Eltern, aber es sind sekundäre Probleme. Und dies drängt in die Schulen und auch in die Beschützenden Werkstätten herein, so daß häufig Kräfte und Möglichkeiten nicht genutzt werden. Man muß endlich bereit sein, umzudenken von einem allgemeinen Hilfsaspekt auf einen Förderungsaspekt.«

Tatsächlich besteht von der Oberstufe an plötzlich eine eminente Problematik, die Jugendlichen einzugliedern und für sie einen entsprechenden Arbeitsplatz zu finden. Häufig wird argumentiert, daß einerseits das kapitalistische System die Behinderten ausnützt, zum anderen aber Arbeitgeber kaum gewillt seien, Behinderte zu beschäftigen. Dies stimmt sicher in Teilbereichen, doch muß berücksichtigt werden, daß Arbeitgeber, die schwer behinderte Menschen beschäftigen, aufgrund des Bundessozialhilfegesetzes die Beträge erhalten, die auch Beschützende Werkstätten vom Arbeitsamt oder ähnlichen Institutionen bekommen. Ein eventueller Produktionsausfall wäre also abgedeckt. Wenn aber für den Behinderten ein entsprechender Arbeitsplatz in der freien Wirtschaft gefunden wird, so stellt man fest, daß weit weniger Ausschuß produziert wird als bei einem normalen Menschen an dem betreffenden Arbeitsplatz.

Die Begründung ist ebenso einfach wie einleuchtend: Für einfachste Arbeiten kann ein Behinderter so gut eingesetzt werden, daß seine Fähigkeiten maximal ausgeschöpft werden und somit auch keine

Ermüdungserscheinungen und keine Überforderung auftreten. Ein intelligenterer angelernter Industriearbeiter langweilt sich nach einer gewissen Einarbeitungszeit bei einer mehr oder weniger stupiden Tätigkeit, verrichtet sie unlustig und entsprechend schlecht und produziert dann Ausschuß. Die Schulen in Gießen und Frankfurt haben Versuche gemacht, die diese Theorie bestätigt haben. Arbeiten, die schwer Behinderten entsprechend ihren Fähigkeiten zugeteilt werden, werden von ihnen wirklich zuverlässig und meist auch mit einer bestimmten Pedanterie und Präzision, die mit der Behinderung zusammenhängt, ausgeführt.

Georg Feuser erklärt ergänzend: »Während unser Sonderschulverband eine massive Aufklärungsarbeit betreibt, wird in den Ober- und Werkstufen ein vorberuflicher Unterricht erteilt. Die Lehrer gehen mit ihren Gruppen in die Betriebe, wo die Behinderten dann auch einmal während der Unterrichtszeit praktische Arbeit verrichten können. So läßt sich übrigens am besten feststellen, für welche Tätigkeiten sie sich später eignen. Der Verband setzt sich mit dem Arbeitsamt in Verbindung, damit von dort entsprechende Eingliederungsbeihilfen gezahlt werden. Wir haben jedenfalls die Erfahrung gemacht, daß man viele der schwer Behinderten in ein bis anderthalb Jahren so weit vorbereiten kann, daß sie in Betrieben der freien Wirtschaft untergebracht werden können.

Die Ideallösung aber wäre: Der Vorarbeiter oder Meister einer Firma kommt für vielleicht ein halbes Jahr in die Schule und bereitet dort in der vertrauten Umgebung die Schüler auf die spätere Arbeit vor – nach entsprechenden Testen und Versuchen. Die Jugendlichen arbeiten aber in der Schule ohne die Streßsituation der Betriebe und in der vertrauten Umgebung. Nach einer entsprechenden Schulung gehen sie dann als geschlossene Gruppe in den Betrieb. Dort arbeiten sie wie alle anderen Arbeiter.«

Können die schwer Behinderten, was der eigentliche Sinn und Zweck einer Berufsausbildung ist, später ihren Lebensunterhalt verdienen, oder müssen, wie es an anderer Stelle heißt, die Eltern wünschen: »hoffentlich stirbt er früher als ich.«

In Ludwigsburg wurde im Januar 1972 die erste Beschützende Werkstatt im ganzen Kreis eingeweiht. Sie ist zwar räumlich die größte in Baden-Württemberg, kann aber nur 50 Behinderte aufnehmen, obwohl 120 Plätze angeboten werden. Wegen Transportschwierigkeiten der Behinderten von und zur Werkstatt kann vorläufig das Raumangebot nicht ausgeschöpft werden. Der Mangel an geeigneten Fahrzeugen wiegt vor dem Hintergrund fehlender Werkstattplätze besonders schwer. Auch hier werden die Behinderten mit einfachen Montagearbeiten, dem Montieren von Düsen für Spritzgeräte, mit Verpackungsarbeiten oder dem Anfertigen von Teppichmusterkollektionen beschäftigt. Für diese Tätigkeit erhalten sie ein Taschengeld von durchschnittlich 80 Mark pro Monat.

Auch in der Beschützenden Werkstatt in Heidenheim arbeiten 21 Behinderte zwischen 16 und 40 Jahren, werden »arbeitstherapeutisch betreut«. Daß die Dunkelziffer der nicht gemeldeten Fälle beachtlich ist, darüber ist sich die Leitung klar. Wie sehr auch hier von seiten der Lebenshilfe die Schutzfunktion in den Vordergrund geschoben wird, geht aus einem Zeitungsbericht in der »Stuttgarter Zeitung« Nr. 172/72 hervor: »Es wird nichts an den Handel geliefert. Denn nicht das Erwerbsmoment steht im Vordergrund aller Erwägungen. Mittelpunkt ist vielmehr der erzieherisch-therapeutische Effekt, der mit der Arbeit erzielt werden soll. Werkstättenleiter Glemnitz: ›Unsere Mitarbeiter müssen täglich neu angelernt und erzogen werden; sie müssen unentwegt betreut werden, und unsere Aufgabe ist es, ihnen das Bewußtsein zu geben, daß sie nicht außerhalb der Gesellschaft stehen.‹ Dementsprechend erfolgt die Bezahlung nicht im Sinne einer Entlohnung. Es wird lediglich ein Taschengeld an die Werkstattangehörigen ausgezahlt.«

Während die Sonderschulen nicht neu sind, gibt es Werkstätten für Behinderte erst seit ungefähr zehn Jahren. Einer der Hauptgründe ist, daß es nach der allgemein vorherrschenden Meinung nicht für möglich gehalten wurde, schwer behinderte Menschen in eine geordnete und produktive Arbeit einzugliedern. Infolgedessen wurden diese Menschen fast ausschließlich in Anstalten oder Heimen betreut.

»Von dieser Situation ausgehend, schlossen sich im Herbst 1958 Eltern und Freunde geistig Behinderter in der ›Lebenshilfe‹ zusammen und schufen in Selbsthilfe u. a. Tagesbildungsstätten und Beschützende Werkstätten. Die Aufgabe einer Werkstatt für Behinderte (Beschützende Werkstatt) besteht allgemein gesehen darin, den Behinderten in einen möglichst engen Kontakt zum Gesellschafts- und Arbeitsleben unserer Zeit zu bringen und ihn dadurch aus seiner Isolierung zu befreien, unter der er vielfach leidet. Hierbei bedient sich die Werkstatt einer echten produktiven Arbeit. Durch die halboffene Form wird den Eltern und Angehörigen gleichzeitig ermöglicht, den Behinderten im Kreise der Familie zu behalten.

In der Werkstatt soll jeder Behinderte, unabhängig von der Art seiner Behinderung, aufgenommen werden, der sich in die Werkstattgemeinschaft einzufügen in der Lage ist. Dem Behinderten wird grundsätzlich ein Dauerarbeitsplatz zur Verfügung gestellt. Für einen Teil der Behinderten bietet ein solcher Arbeitsplatz die optimal erreichbare Eingliederung und ist somit als Sonderform der Rehabilitation anzusehen. Der Zugang zum allgemeinen Arbeitsmarkt bleibt trotzdem für jeden Behinderten offen.

Für seine Tätigkeit in der Werkstatt erhält der Behinderte eine angemessene Arbeitsvergütung. Sofern seine Leistungshöhe dies erlaubt, wird die Aufnahme in die Sozialversicherung angestrebt. Großer Wert wird ferner darauf gelegt, daß der Behinderte unter Berücksichtigung pädagogischer Erkenntnisse nicht überfordert wird und er eine seinen verbliebenen Fähigkeiten entsprechende Arbeit erhält.« Soweit die Theorie aus dem Handbuch der Bundesvereinigung Lebenshilfe für geistig Behinderte.

In der gleichen Schrift wird allerdings auch festgestellt, daß der Sofortbedarf von Plätzen in Beschützenden Werkstätten auf rund 30 000 geschätzt wird, wozu in den nächsten zehn Jahren etwa 60 000 weitere kommen.

Den Beschützenden Werkstätten sollen nach Wunsch der Lebenshilfe »Anlernwerkstätten« angegliedert werden, über die es in dem Handbuch heißt: »Die Anlernwerkstatt hat die Behinderten möglichst wirklichkeitsnah an die Arbeits- und Berufswelt heranzuführen. Die Vorbereitung auf die eigentliche betriebliche Arbeit kann jedoch nur erzielt werden, wenn die Anlernwerkstatt echte Arbeitsaufträge zu Übungszwecken bekommt und den Behinderten ermöglich wird, Arbeitsversuche z. B. in der Werkstatt für Behinderte abzuleisten. Die Anlernung vollzieht sich in zwei Bereichen:

a) Der erste Bereich umfaßt von der Produktion unabhängig sinnvolle Grundübungen. Sie dienen der Gewöhnung an Sorgfalt, Ausdauer und Leistung sowie der Geschicklichkeit im Umgang mit Werkstoffen und in der Handhabung von Werkzeugen und Maschinen.

b) Der zweite Bereich umfaßt Arbeitsübungen. Sie richten sich nach der Neigung und Eignung sowie den besonderen Fähigkeiten und Fertigkeiten der Behinderten. Für Arbeitsübungen sind insbesondere Arbeitsstücke aus der Produktion der Werkstatt für Behinderte zu verwenden.

Die Arbeitsübungen sollten Gelegenheit bieten, Angelerntes bis zur Erreichung eines der Produktion angemessenen Arbeitsablaufs zu steigern.«

Über die »Werkstatt für Behinderte« (Beschützende Werkstatt) heißt es: »Werkstätten für Behinderte sind Arbeitsstätten, die Personen, welche wegen ihrer Behinderung nicht, noch nicht oder noch nicht wieder auf dem allgemeinen Arbeitsmarkt tätig sein können, Arbeitsplätze zur Verfügung stellen und für eine bestmögliche Weiterentwicklung der Behinderten in bezug auf ihre Persönlichkeit und Leistungsfähigkeit Sorge tragen. Hierbei handelt es sich um Dauerarbeitsplätze oder um Arbeitsplätze, die von Behinderten nur so lange in Anspruch genommen werden, bis eine Eingliederung auf dem allgemeinen Arbeitsmarkt möglich ist. In die Werkstatt wird jeder Behinderte aufgenommen, sofern seine Gemeinschaftsfähigkeit eine Eingliederung in die Werkstattgemeinschaft erwarten läßt.

Die Werkstatt hat eine weitestmögliche Wirtschaftlichkeit anzustreben und hinsichtlich der durchzuführenden Aufträge zur Erreichung der Wettbewerbsfähigkeit auf Qualität und Termineinhaltung zu achten. Sie ist eine Produktionsstätte, die den Behinderten im Rahmen seiner Kräfte fördert. Sie führt zu diesem Zweck Arbeiten durch, die einerseits der Art seiner Behinderung und andererseits seinen Fähigkeiten entsprechen. Demgemäß muß das Arbeitsangebot ausreichend differenziert sein.

Zur Gewährleistung einer optimalen Eingliederung für Behinderte, einer besseren Wirtschaftlichkeit, einer gesicherten Auftragslage und einer intensiveren Werkstattführung sollte eine Größenordnung angestrebt werden, die die vorgenannten Forderungen erfüllt. Eine allmähliche Erweiterung bestehender Werkstätten bzw. Werkstatteinheiten zu einer Mindestgröße von 120 bis 150 Plätzen ist notwendig. Größere Arbeitseinheiten für später sind anzustreben. Die optimale Größe ist nach Möglichkeit sowohl bei der Neuplanung als auch bei Erweiterungen zu berücksichtigen. In Wohngebieten mit geringer Einwohnerdichte sind Werkstätten auf überregionaler Basis oder unter überregionaler Leitung notwendig.

Unter Arbeit in Werkstätten für Behinderte ist eine produktive, zu vergütende Tätigkeit zu verstehen. Der Ausbau solcher Arbeit für Behinderte ist keine Wohltätigkeit, sondern erfüllt einen Rechtsanspruch, weil der Behinderte wie jeder andere Mensch ein Recht auf Arbeit hat. (Im Grundgesetz der BRD ist das Recht auf Arbeit nicht enthalten. D. Verf.) Die Vergütung für einen Behinderten wird nach einem besonderen Bewertungssystem festgelegt, das nicht nur quantitative und qualitative Leistung, sondern auch andere Qualifikationen und das verbliebene Leistungsvermögen des Behinderten berücksichtigt. Die Höhe der Arbeitsvergütung steht nicht in unmittelbarer Relation zu dem Arbeitserlös der Werkstätten.

Die Werkstätten sind jedoch verpflichtet, einen Teil der laufenden Kosten durch Arbeitserträge selbst aufzubringen. Der Fehlbetrag ist durch Zuschüsse der öffentlichen Hand bzw. der Rehabilitationsträger auszugleichen. Entsprechendes gilt auch für den Bau und die Einrichtung von Werkstätten.«

Daß Beschützende Werkstätten auch effektiv arbeiten können, beweist beispielsweise die Stuttgarter Einrichtung. »Behinderte können mehr leisten als andere«, sagte Thomas Redlich, der Leiter, »sie müssen nur richtig angeleitet werden und in einer ihnen angemessenen Umgebung arbeiten können.« Die 38 Angehörigen der Stuttgarter Werkstatt haben das bewiesen; sie steigerten ihren Arbeitsertrag um mehr als die Hälfte und übertrafen mit der Qualität ihrer Erzeugnisse vielfach die mancher Nachtschicht in den Industriebetrieben. 1970 erzielte die Werkstatt aus ihrer Arbeit (Falzen und Heften von Kartonagen, Adressenkleben, Stempeln, Drehen von Gewinden, Bohren, Stanzen, Kassetten einfüllen, Falten von Prospekten, Montieren von Elektrozubehör und Kunststoffteilen) insgesamt 68 000 DM, während es im Jahr vorher nur 44 000 DM waren.

Zwei Drittel ihrer Einnahmen gehen an Löhnen und Prämien an die Beschäftigten der Werkstatt. Als einen Erfolg bezeichnete es Redlich, daß der Verdienst im Durchschnitt 150 DM beträgt, daß aber darüber hinaus die meisten der hier Beschäftigten mittlerweile zur Kranken- und Rentenversicherung angemeldet werden konnten.

Daß es jedoch nicht so einfach ist, irgendwo eine Beschützende Werkstatt einzurichten, daß die Gesellschaft auch hier wieder oft genug ihr Veto einlegt, zeigt das Beispiel Geislingen: In Stötten, einem Stadtbezirk von Geislingen an der Steige, knapp 300 Einwohner zählend, wurde scharfer Protest dagegen eingelegt, daß in dem nicht mehr seinem eigentlichen Zweck dienenden alten Schulhaus eine Beschützende Werkstatt untergebracht werden sollte. Die Stöttener beteuern zwar, sie hätten nichts gegen die Kinder, wehren sich aber nachdrücklich gegen die Unterbringung dieser Gruppe in ihrem Ort. Leider: Nicht nur Erwachsene, auch Jugendliche laufen Sturm gegen den vom Gemeinderat gefaßten Beschluß, die Räume an die Lebenshilfe zu vermieten.

Einen neuen Weg ging man in Böblingen-Sindelfingen. Hier wurde im Dezember 1972 die bisherige Beschützende Werkstatt in die »Gemeinnützige Werkstätten GmbH für Behinderte im Landkreis Böblingen« umbenannt und beim Amtsgericht Böblingen als Firma eingetragen. Gesellschafter sind die Städte Böblingen, Sindelfingen und Herrenberg, die Landkreise Böblingen und Calw und die Ortsvereinigungen der Lebenshilfe in Böblingen, Sindelfingen, Herrenberg, Calw und im oberen Nagoldtal. Das Stammkapital beträgt 50 000 DM. Das Geschäftsziel aber, so wurde es amtsgerichtlich eingetragen, besteht nicht darin, einen möglichst hohen Gewinn zu erzielen.

In der Sindelfinger Werkstatt beginnt die Arbeit morgens in zwei Gruppen, und zwar

der Gruppe, die einen Dauerarbeitsplatz hat und mit größter Wahrscheinlichkeit nie in der freien Wirtschaft wird tätig sein können, und

der Gruppe, die sich zusammensetzt aus Behinderten, die voraussichtlich in absehbarer Zeit in freien Betrieben arbeiten können oder werden.

Während die erste Gruppe von 8 bis 15.30 Uhr arbeitet, mit einer Mittagspause von einer Stunde, also einen Arbeitstag von 6 1/2 Stunden hat, arbeitet die zweite Gruppe von 7 bis 16 Uhr, mit der

gleichen Mittagspause, hat also einen normalen achtstündigen Arbeitstag. Das gilt bereits als Training für die spätere Arbeit in der freien Wirtschaft.
Die Höhe der Lohnzahlungen sei kein Wertmaßstab für die Werkstatt, sagte Konstantin Diederich, Leiter der Werkstatt in Sindelfingen, obwohl in seiner Werkstatt an die Behinderten ausgesprochen Höchstlöhne bezahlt werden. Die Höhe der Verdienste liegt zwischen 90 und 700 DM im Monat. Als Begründung für diese hohen Verdienste führt Diederich an, daß über Jahre hinweg Untersuchungen über die Leistungsfähigkeit der Behinderten erfolgt seien, die speziellen Begabungen, die Ergebnisse wurden in Tagesarbeitsbogen notiert, und dadurch wurde eine entsprechende Kapazität der Werkstatt erreicht. Die Auswertung führte dann zu einer guten Auslastung der Werkstatt.
Die Sindelfinger Werkstatt gliedert sich in den Anlern- und Ausbildungsbereich, den Bereich der Dauerarbeitsplätze und den Habilitationsbereich für den Personenkreis, der später auf dem freien Arbeitsmarkt vermittelt werden soll. Zur Arbeit der Behinderten sagte Diederich, daß die Anlernzeit bei Behinderten länger sei als normalerweise, daß aber bei einem Erfassen der Arbeit sehr genau und präzise Arbeit geleistet werde. Schwierigkeiten gebe es nur nach längeren Pausen, Ferien oder Krankheiten.

Die Zusammenfassung der Sonderschulsituation ist nicht ermutigend. Nach Angaben der Gewerkschaft Erziehung und Wissenschaft fehlen für 60 Prozent der geistig Behinderten, für 65 Prozent der Körperbehinderten, 11 Prozent der Lernbehinderten, 70 Prozent der Schwerhörigen, 74 Prozent der Sehbehinderten, 65 Prozent der Verhaltensgestörten und 81 Prozent der Sprachbehinderten die notwendigen Schulplätze. In der Genfer Erklärung von 1924 über die Rechte des Kindes heißt es, daß alle Kinder besonders geschützt werden müssen. Eine neue Charta des Kindes nahmen die Vereinten

Nationen 1959 an, in der es u. a. heißt: »Das Kind hat Anspruch auf unentgeltlichen Pflichtunterricht, wenigstens in der Volksschule. Ihm wird eine Erziehung zuteil, die seine allgemeine Bildung fördert und es auf der Grundlage gleicher Möglichkeiten in den Stand setzt, seine Anlagen, seine Urteilskraft, seine Verständnis für moralische und soziale Verantwortung zu entwickeln und zu einem nützlichen Glied der menschlichen Gemeinschaft zu werden. Das Kind, das körperlich, geistig und sozial behindert ist, erhält diejenige besondere Behandlung, Erziehung und Fürsorge, die sein Zustand und seine Lage erfordern.«

Das alles ist, auf jeden Fall in der Bundesrepublik, einem der reichsten Länder der Erde, noch auf weiten Gebieten eine bloße Forderung, deren Einlösung einen Umdenkungsprozeß der Gesamtgesellschaft und einen größeren finanziellen Einsatz sowie ein informierteres Engagement der zuständigen Institutionen voraussetzt.

Notiz

Rat und Auskunft erteilen Lehrkräfte und Rektoren der Sonderschulen, die Oberschulämter oder die Kultusministerien. Anfragen können auch gerichtet werden an die Ortsvereinigungen des »Vereins für Lebenshilfe«. Anschriften werden auf Wunsch von der Bundesvereinigung Lebenshilfe für geistig Behinderte e. V., Bundesgeschäftsstelle Marburg, 355 Marburg/Lahn, Barfüßertor 25 (Telefon 0 64 21/2 30 07) mitgeteilt.
Der Ferienführer für Behinderte durch Gasthöfe, Pensionen und Hotels ist kostenlos zu beziehen durch die »Hilfe für Behinderte«, 4000 Düsseldorf, Kirchenfeldstraße 149.

*

Die Bezeichnungen für eine Gruppe der Behinderten ist landschaftlich und zeitlich verschieden; bei ›Bildungsschwachen‹, ›geistig Behinderten‹ oder ›Praktisch Bildbaren‹ handelt es sich um den gleichen Personenkreis.
Bei ›Beschützenden Werkstätten‹ oder ›Werkstätten für Behinderte‹ handelt es sich ebenfalls um die gleichen Einrichtungen.

Literaturverzeichnis

Amtsblatt des Hessischen Ministers für Erziehung und Volksbildung, verschiedene Hefte

Anders, Erich: *Der Verrückte in der Gesellschaft*, Stuttgart 1969

Bachmann, Stagneth: *Ganztags-Sonderschulen*, Neuburgweier 1972

Beschel, Erich: *Der Eigencharakter der Hilfsschule*, Weinheim 1963

Fischer, Frank: *Irrenhäuser*, München 1969

Hochstetter: *Gesetz zur Vereinheitlichung und Ordnung des Schulwesens in Baden-Württemberg*, Stuttgart 1964

Hofmann, Wilhelm: *Sonderschule im Wandel*, Neuburgweier 1971

Interesse, das Sozial-Magazin 1/2 1970

Jorgensen, I. S.: *Gesamtschulen mit Behinderten*, Neuburgweier 1972

Katein, Werner: *Sonderschulen in Baden-Württemberg*, Stuttgart 1972

Klassenbuch 1, Neuwied 1972

Klink, Job-Günter: *Zur Geschichte der Sonderschule*, Bad Heilbrunn 66

Lesemann, Gustav: *Beiträge zur Geschichte und Entwicklung des deutschen Sonderschulwesens*, Berlin 1966

Kultus und Unterricht Heft 2/70

Levinson/Sagi: *Das geistig behinderte Kind*, Freiburg 1967

Lindenberg, Nita: *Sich selber fremd*, Stuttgart 1969

Lebenshilfe: *Die schulische Förderung des geistig behinderten Kindes*, Marburg 1966

Lebenshilfe: *Elternhaus und Einrichtung für geistig Behinderte als Erziehungseinheit*, Marburg 1965

Mariaberger Heime, verschiedene Hefte

Schumacher, Gerhard: *Verhaltensgestörte Schüler*, Bonn 1971

Speck, Otto: *Der geistig behinderte Mensch und seine Erziehung*, München 1970

Vetter, Theo: *Das geistig behinderte Kind, seine Bildung und Erziehung*, Villingen 1966

Werkstatt für Behinderte, Ergänzendes Handbuch, Marburg 1971

Werner, Gerda: *Das behinderte Kind*, Stuttgart 1973

Bisher erschienen in der Reihe **pocket**

1 Dieter Wellershoff **Literatur und Veränderung.** Versuche zu einer Metakritik der Literatur

2 Wolfgang Bauer **Magic Afternoon, Change, Party for Six.** Theaterstücke

3 Saul Bellow **Mann in der Schwebe.** Roman

4 Heinrich Böll **Hausfriedensbruch.** 2 Stücke

5 Rolf Ulrich Kaiser **Underground? Pop? Nein! Gegenkultur!** Modelle neuer Gesellschaft

6 Nathalie Sarraute **Zwischen Leben und Tod.** Roman

7 Günter Wallraff **13 unerwünschte Reportagen**

8 Sebastian Wolff **Der Abstand.** Roman

9 Joseph Roth **Der Neue Tag.** Unbekannte politische Arbeiten 1919–1927 Wien, Berlin, Moskau. Herausgegeben und mit einem Vorwort von Ingeborg Sültemeyer

10 Claude Lévi-Strauss **Traurige Tropen.** Indianer in Brasilien

11 Roland Topor **Die Masochisten.** 102 Zeichnungen mit einem Vorwort von Hannes Jähn

12 Robert Walser **Basta.** Prosastücke aus dem Stehkragenproletariat. Ausgewählt und mit einem einleitenden Essay herausgegeben von Hans G Helms

13 Max Bense **Artistik und Engagement.** Präsentationen ästhetischer Objekte

14 Caroline Muhr **Depressionen.** Tagebuch einer Krankheit

15 Dieter Wellershoff **Das Schreien der Katze im Sack.** Hörspiele und Stereostücke

16 **102 Gravuren zu Justine oder Die Mißgeschicke der Tugend und Juliette oder Das Wohlergehen des Lasters von Donatien-Alphonse-Francois Marquis de Sade.** Mit einem Vorwort von Hannes Jähn. Die berüchtigsten Illustrationen zur Erstausgabe von de Sades Justine und Juliette

17 **Berliner Kinderläden.** Antiautoritäre Erziehung im sozialistischen Kampf. Herausgegeben von einem Autorenkollektiv

18 Rainer Kippe/Lothar Gothe **Ausschuß.** Protokolle und Berichte aus der Arbeit mit entflohenen Fürsorgezöglingen

19 Fernando Arrabal **Der Architekt und der Kaiser von Assyrien.** Vier Stücke

20 Siegfried J. Schmidt **Ästhetische Prozesse**

21 Andy Warhol **Blue Movie**

22 **Das schwedische Modell der Ausbeutung.** Herausgegeben von Victor Pfaff und Mona Wikhäll

23 **wdr-Hörspielbuch 9.** Hans Magnus Enzensberger, Rolf Dieter Brinkmann, Helmut Heißenbüttel und Ror Wolf

24 William S. Burroughs **Die letzten Worte von Dutch Schulz**

25 **Geschichte und Psychoanalyse.** Herausgegeben von Hans-Ulrich Wehler

26 Max Bense **Die Realität der Literatur.** Autoren und ihre Texte

27 **Kommune 2.** Versuch der Revolutionierung des bürgerlichen Individuums. Kollektives Leben mit politischer Arbeit verbinden!

28 Tankred Dorst **Sand.** Ein Szenarium

29 Hans Marchwitza **Sturm auf Essen.** Die Kämpfe der Ruhrarbeiter gegen Kapp, Watter und Severing

30 Wolinski **Ich denke nur an das eine.** 80 Zeichnungen

31 Ludwig Turek **Ein Prolet erzählt.** Lebensschilderung eines deutschen Arbeiters

32 Lieselotte und O. M. Ungers **Kommunen in der Neuen Welt 1740–1972**

33 Berl Kutschinsky **Pornographie und Sexualverbrechen.** Das Beispiel Dänemark

34 Günter Wallraff **Neue Reportagen, Untersuchungen und Lehrbeispiele**

35 Prodosh Aich/Otker Bujard **Soziale Arbeit: Beispiel Obdachlose.** Eine kritische Analyse

36 **Heinrich Böll: Freies Geleit für Ulrike Meinhof.** Ein Artikel und seine Folgen. Zusammengestellt von Frank Grützbach

37 Konrad Wünsche **Die Wirklichkeit des Hauptschülers.** Berichte von Kindern der Schweigenden Mehrheit

38 Willy Lützenkirchen **Verbrechen ohne Richter.** Mord an der Umwelt in der Bundesrepublik

39 Michel Anders **Verurteilt.** Strafvollzug in der Bundesrepublik

40 Christian Linder **Schreiben & Leben.** Gespräche mit Schriftstellern: Jürgen Becker, Peter Handke, Walter Kempowski, Wolfgang Koeppen, Günter Wallraff, Dieter Wellershoff

41 Paul Pörtner **Spontanes Theater.** Erfahrungen, Konzepte

42 **Schwarzburch: Franz Josef Strauß.** Herausgegeben von Wolfgang Roth, Ingrid Mattäus, Dieter Lasse, Walter Haas und Bernt Engelmann

43 **Das schwarze Kassenbuch.** Die heimlichen Wahlhelfer der CDU/CSU. Herausgegeben vom Presseausschuß der Demokratischen Aktion unter Mitarbeit von Bernt Engelmann

44 **Revolutionäre Erziehung im Kapitalismus und Sozialismus.** Kritik der antiautoritären Erziehung. Autorenkollektiv

45 Heinz-Ludwig Arnold **Das Lesebuch der 70er Jahre.** Kritik und Neuentwurf

46 **Kritischer Studienführer.** Materialien für Abiturienten und Studienanfänger mit dokumentarisch-statistischem Anhang. Herausgegeben von Gerd Mangel und Klaus Walter

47 Dieter Wellershoff **Literatur und Lustprinzip.** Essays

48 Michel Anders **Problem Sonderschule**

49 **Erobert die Literatur!** Proletarisch-revolutionäre Literaturtheorie und -debatte in der »Linkskurve« 1929–1932. Herausgegeben von Frank Rainer Scheck

50 Jürgen Roth **Heimkinder.** Ein Untersuchungsbericht über Säuglings- und Kinderheime in der Bundesrepublik

51 Ursula Linnhoff **Die Neue Frauenbewegung.** USA – Europa seit 1968